HÄDECKE

Hans-Peter Matkowitz · Juliana Raskin-Schmitz

Nudeln, Pasta & Co.

Die Tricks und Tipps der Köche

INHALTSVERZEICHNIS

DANKSAGUNG
Bei den Recherchen erfuhren wir kompetenten Rat von vielen Fachleuten. Unser besonderer Dank gilt Ilse Rau, München, und Hanne Stein, Wien, sowie den Köchen Paul Golla vom »Au Boeuf Rouge« in Niederschaeffolsheim (Elsass) und Giuseppe Cammarata vom »Da Tanino« in München.

www.haedecke-verlag.de

1 2 3 4 | 2011 2010 2009 2008

Fotos: Studio L'Eveque, T. & H. Bischof
Einbandgestaltung und Layout-Entwurf: Design & Produktion Julia Graff, Düsseldorf
Lektorat: Mo Graff
Satz: K. Mierau GmbH / Harsch & Zieger oHG, Denkendorf
Druck: Stürtz GmbH, Würzburg
Printed in EU 2008

ISBN 978-3-7750-0506-7

Abkürzungen, Maßeinheiten, Symbole

kg – Kilogramm
g – Gramm
ml – Milliliter = 0,001 Liter
l – Liter
Msp. – Messerspitze
EL – Esslöffel
Gestr. – Gestrichen

- Trick
- Kurze Rezeptanleitung
- Aufzählung verschiedener Möglichkeiten
- Problem
- Möglicher Fehler
- Verweis

VORWORT

Pasta macht glücklich sagen, die Italiener. Und damit das auch für Sie gilt, haben wir dieses Buch zusammengestellt. Sie finden Hinweise, Tricks, Tipps und Informationen. Auf ausführliche Rezepte – bis auf die Grundrezepte und einige Besonderheiten – haben wir verzichtet. Nur wenn es für die Tricks und Tipps wichtig war, sind wir ins Detail gegangen.
Nudeln / Pasta sind zu Unrecht in die »einfache« Ecke der Kochkunst gestellt worden. Pasta kochen kann jeder. Ach ja? Manche Pasta nimmt es ausgesprochen übel, wenn sie gekocht wird. Wie überhaupt Pasta eine Diva der Küche ist. Widmet man ihr nicht die gebührende Aufmerksamkeit, reagiert sie drastisch und wird fast ungenießbar. Gefüllte Pasta ist besonders zickig. In kochendes Wasser geworfen platzt sie und alles schwimmt im Kochwasser – aber es riecht sehr gut und zeigt damit, was für eine Köstlichkeit da durch falsche Behandlung ruiniert wurde. Damit all dies nicht passiert und Sie die wunderbaren Möglichkeiten der weltweiten Pastaküche kennen lernen, helfen wir Ihnen mit Tricks und Tipps in diesem Buch.

Es muss aber nicht immer Pasta heißen. Pasta = Nudeln = Italien, das wäre zu eng gefasst. Auch wenn Italien ein Meister der Pastaküche ist. Andere Nationen und Kulturkreise kennen ebenfalls Teigwaren. Wo kamen sie her, wer hat sie erfunden, wer hat sie zuerst gekocht? Weder Marco Polo noch Kublai Khan, noch der arabische Geograf Al-Idrisi haben die Pasta erfunden oder gar gekocht. Dass wir heute eine solche Vielfalt an Teigwaren kennen, haben wir einzig und allein den unbekannten Köchen und Köchinnen zu verdanken, die mit ihren Herren ferne Reisen unternahmen oder die Rezepte von Reisenden kennen lernten und den Gegebenheiten ihrer Landschaft, ihrem persönlichen Status oder dem Status ihrer Herrschaft anpassten. Sie haben die Möglichkeiten erkannt und die Rezepte, die wir heute noch kochen, entwickelt. Und auf sie wollen wir beim nächsten Pastaessen unser Glas erheben. Denn nichts geht über Pasta – Basta!

Ihre Juliana Raskin-Schmitz und Hans Peter Matkowitz

GRUNDLAGEN

Grundzutaten für alle Teigwaren sind Getreide und Getreideerzeugnisse. In Italien wird wegen des hohen Klebereiweißgehalts hauptsächlich Weizen verwendet. Die »pasta secca« die traditionelle italienische Pasta enthält nur feinsten Hartweizengrieß und Wasser. An diese Vorschrift sind die italienischen Nudelhersteller seit 1574 gebunden. Weltweit gibt es aber unendliche Variationen der Zutaten und der Herstellung. Die »pasta fresca« enthält Eier.

Mehlsorten für Teigwaren

BUCHWEIZENMEHL Hat ein nussiges Aroma, das durch Rösten entsteht. Buchweizenmehl muss mit Weizenmehl gemischt werden. Ergibt einen weichen Teig, der für Teigwaren mit Ei geeignet ist.
Wird in Asien zur Herstellung von Sobanudeln verwendet.

DINKEL-VOLLKORNMEHL Eine Unterart des Weizenmehls. Aromatisches Mehl, wird bevorzugt für die Spätzleherstellung verwendet.

GRÜNKERNMEHL Für Pasta mit aromatischem Eigengeschmack.

KASTANIENMEHL Wird aus Esskastanien hergestellt und muss im Verhältnis 1 : 2 mit Weizenmehl gemischt werden. Servieren Sie Kastaniennudeln mit Nussbutter oder mildem Käse.

MAISMEHL Für Teigwaren gemischt mit kleberhaltigem Mehl. Maismehl muss mit Weizenmehl hälftig gemischt werden.

REISMEHL 1. Für asiatische Nudelsorten.
2. Viele Pastasorten gibt es glutenfrei aus 100 % Reismehl.

ROGGENMEHL in den Typen 815, 997, 1150 und 1370 ist besonders für Teigwaren geeignet, da es einen hohen Klebereiweißgehalt hat. Roggenmehl muss mit Weizenmehl gemischt werden. Teige, die Roggenmehl enthalten, sind nicht für die Herstellung von Teigtaschen geeignet.

VOLLKORNMEHL Muss mit der gleichen Menge Weizenmehl gemischt werden. Lässt sich für alle Teigwaren verwenden.

WEIZENDUNST Sehr feinkörniges Mehl, das keine Schalenteile enthält.

WEIZENMEHL Das gängigste Mehl zur Teigwarenherstellung. Verwendet wird meistens Typ 550. Dieses Mehl enthält mehr Klebereiweiß, da es höher ausgemahlen ist als Typ 405. Weizenvollkornmehl Typ 1050 muss für Pasta mit der gleichen Menge Weizenmehl Typ 405 gemischt werden.

WEIZENGRIESS / HARTWEIZENGRIESS Wegen seiner perfekten Kochfestigkeit ideal für alle Teigwaren, besonders für solche ohne Ei. Der Teig ist elastisch, aber schwer ausrollbar. Teigwaren aus Hartweizengrieß besser in der Nudelmaschine herstellen.

WEIZENGRIESS / WEIZENMEHL, UNGEBLEICHT Ist für alle Teigwaren geeignet. Der Teig ist weich, elastisch und lässt sich gut formen.

Sorten und Größen

Sie erhalten im Handel erstklassige Trockenware mit und ohne Zugabe von Eiern. Ebenso bekommen Sie ausgezeichnete Frischware. Und natürlich können Sie Pasta auch selbst herstellen mit einer Nudelmaschine oder traditionell von Hand (Seite 12).

Man unterscheidet zwischen großen Nudelsorten, »Pasta«, für Saucen, Ragouts und Gemüsegerichte und »Pastina«, kleinen Suppennudeln.

»Pasta lunga« sind lange Nudeln wie Spaghetti und »Pasta corta« kurze Nudeln wie Penne.

Für jede Abweichung in der Form ändert sich der italienische Pastaname. Deshalb kaufen Sie mit dem Auge ein und beachten Sie, wie gut die Pasta die Sauce aufnehmen kann. Röhrenförmige Pasta nimmt dickere Saucen gut auf. Flache und lange Pasta ist für glatte und dünnere Saucen geeignet. Eine kleine Hilfe sind die Endungen:

»ette«	kleinere Varianten einer Sorte	»oni«	größere Nudeln
»ini«	kleinere Varianten einer Sorte	»ricce«	mit welligem Rand.
»lisce«	mit glatter Oberfläche	»rigate«	geriffelt.

Nudel-ABC

Pasta-/Nudelnamen sind bei unterschiedlichen Herstellern und in Büchern verschieden. Und fast täglich kommen neue Fantasienamen dazu. Also anschauen, probieren und genießen.

AGNOLOTTI ➔ Tortellini

BAVETTE Nudeln mit ovalem Querschnitt, etwas breiter als Linguine

BIGOLI Ähneln dicken Spaghetti, werden oft aus Vollkornmehl hergestellt und waren früher sehr beliebt. Eine »Einladung zu Bigoli« bedeutete ein gutes Mittagessen.

BUCATINI Dünne Röhrennudeln

BUCATINI LUNGHI Dünne Röhrennudeln in Propellerform

CANNELLONI Zu Röhren gerollte Teigquadrate für Füllungen

CAPPELLETTI Hütchenförmige gefüllte Nudeln

CAPELLI D'ANGELO »Engelshaar«; sehr dünne Fadennudeln, zu Nestern gewickelt

CAPELLINI / HÄRCHEN Sehr dünne Nudeln (ähnlich den Spaghettini)

CASERECCE / GEMELLI Zwillingsnudeln, die aus zwei miteinander verdrehten dünnen Röhren bestehen

CHIFFERONI RIGATI Große Hörnchennudeln mit geriffelter Oberfläche

CONCHIGLIE Nudeln in Muschelform, oft auch gefärbt erhältlich

(1) Spaghetti / Linguine
(2) Tagliatelle (nide)
(3) Gnocchetti sardi
(4) Cannelloni
(5) Strozzapreti
(6) Tagliatelle verdi
(7) Gnocchi, klein (Gnocchini)
(8) Penne (Minipenne)
(9) Penne rigate
(10) Lasagne
(11) Tortellini
(12) Orecchiette
(13) Bigoli
(14) Conchiglioni (rosse)

CONCHIGILIONI Größere Muschelnudeln, für Füllungen geeignet

CRAVATINA ähnlich den Farfalle, kleiner in der Form

CRESTE DI GALLO Hörnchennudeln mit gewelltem Rand/Hahnenkamm

DISCHI VOLANTI / TRULLI Runde Nudeln, die wie fliegende Untertassen/Frisbees geformt sind

DITALI Kurze Röhrennudel mit verschiedenen Durchmessern

ELICHE / FUSSILI Nudeln in Schrauben-/Spiralform

ELICOIDALI Schmale Röhrennudeln mit Längsriffelung

FARFALLE Nudeln in Schmetterlingsform

FARFALLINI / NASTRINI kleine Schmetterlingsnudeln als Suppeneinlage

FETTUCCINE Mittelbreite Bandnudeln, meist zu Nestern gewickelt

FUSSILI / ELICHE Eliche

FLECKERL Quadrettoni

GALLE ROTONDE Ähnlich wie Schmetterlingsnudeln, aber in runder Blasenform

GARGANELLI Kurze geriffelte Röhrennudeln aus dreieckig aufgerollten quadratischen Teigplatten

GEMELLI Caserecce

GNOCCHI Muschelförmige Hohlnudeln mit breiten Riefen

GNOCCHETTI SARDI Kleine Form der Gnocchi mit schmaler Riffelung

HÖRNCHEN Kurze Röhrennudeln

KRITHARAKI Griechische Reisnudeln Reisnudeln

LASAGNE Teigplatten in rechteckiger Form

LINGUINE Dicke Spaghetti

LUMACHINE Kleine Schneckennudeln als Suppeneinlage

LUMACONI RIGATI GRANDI Große Nudeln in Schneckenform zum Füllen geeignet

MAFALDINI / LASAGNETTE Schmale Lasagnestreifen mit gewelltem Rand.

MAKARANA Türkische Reisnudeln Reisnudeln

MAKKARONI Kurze Röhrennudeln, deren Länge und Dicke variieren kann. Deshalb die unterschiedlichen Namen in den italienischen Regionen. Auf jeden Fall sind sie immer hohl. Längere Nudeln werden vor dem Kochen in Stücke gebrochen. Den Name »maccherone« gibt es seit 1041, damals wurden Dummköpfe so genannt. Im England des 18. Jahrhunderts war »macaroni« eine Bezeichnung für Dandys.

MALTAGLIATI Rautenförmig geschnittene Nudeln

MEZZE MANICHE RIGATE Dicke kurze Röhrennudeln mit geriffelter Oberfläche

MILLERIGHE GIGANTI Große geriffelte Röhrennudeln

MOLLEREDDUS Variante der Gnocchetti

NASTRINI »Kleine Ordensbänder« ➲ Farfallini

ORECCHIETTE Nudeln in Ohrenform

ORZO Italienische Reisnudeln ➲ Reisnudeln

PAPPARDELLE Breite Bandnudeln, manchmal mit gezacktem Rand.

PENNE Röhrenförmige, kurze, schräg geschnittene Nudeln. Gibt es mit glatter und geriffelter Oberfläche (Penne rigate) und in unterschiedlichen Längen und Durchmessern. Alle Penne sind schräg geschnitten, der Name bezieht sich auf die Ähnlichkeit mit einer Schreibfeder.

PERCIATELLI Dünne Röhrennudeln

PUNTALETTE Italienische Reisnudeln ➲ Reisnudeln

QUADRETTONI / FLECKERL Kleine, flache quadratische Nudeln für Aufläufe und als Suppeneinlage

RADIATORI Wie »Heizkörper« geformte Nudel, die durch die Rippen sehr viel Sauce aufnehmen können

RAVIOLI Teigtaschen, die gefüllt werden

REISNUDELN / RISONE Aus Hartweizengrieß hergestellte reiskornförmige Nudeln.

- Reisnudeln eignen sich als Suppeneinlage und als Füllung für Gemüse und Aufläufe. Sie geben Eintöpfen Gehalt und Fülle, dicken diese aber nicht zu sehr ein. Deshalb auch als Füllung für Geflügel geeignet.
- ➲ Paprika mit Pastafüllung (Seite 39)
- Reisnudeln in Öl oder Butter mit Zwiebelwürfeln andünsten, salzen, mit heißem Wasser oder Brühe aufgießen und garen.
- Reisnudeln passen vorzüglich zu Langkornreis. Ergänzen Sie die Langkornreismenge mit einigen Esslöffeln Reisnudeln und der Reis bekommt eine pikante Note. Die Reisnudeln sind gemeinsam mit dem Reis fertig.

REISNUDELN, ASIATISCHE ➲ Asiatische Teigwaren

RIGATONI Dicke, kurze röhrenförmige Nudel mit gerillter Oberfläche

RISSONI Italienische Reisnudeln ➲ Reisnudeln

ROTELLE Nudeln in Radform

SPACCATELLE Kurze, gespaltene Makkaroni

SPAGHETTI / FÄDCHEN Inbegriff der Pasta , verschiedene Sorten, z.B. Spaghetti integrali (Vollkornspaghetti), Spaghetti verdi (mit Spinat gefärbte Spaghetti)

SPAGHETTINI / FEINE FÄDCHEN Dünner als Spaghetti

SPAGHETTONI Etwas dicker als Spaghetti

SPAGHETTI ALLA CHITTARA Spaghetti mit quadratischem Querschnitt. (Chittara ist ein Holzrahmen, der auf der Ober- und Unterseite mit Drähten bespannt ist. Die Teigplatten werden auf die Drähte gelegt und mit dem Nudelholz durchgerollt.)

STELLINI Kleine sternförmige Nudeln / Suppennudeln

STROZZAPRETI »Priesterwürger«, kordelartig gedrehte Nudeln

TAGLIARDI Kurze, in Stücke geschnittene Bandnudeln als Suppeneinlage

TAGLIATELLE Breite Bandnudeln

TAJARIN Spezialität aus dem Piemont aus gelbem Eierteig, gefaltet, sehr dünn ausgerollt, locker aufgerollt und 2 bis 3 mm dick geschnitten, wodurch sich feine Nudelstreifen ergeben.

TARNONYA Ungarische Reisnudeln

TORTELLI Runde Teigblätter

TORTELLINI Kleine gefüllte Teigringe

TRENETTE Bandnudeln aus Weizenmehl mit gezacktem Rand, gelegentlich auch Trinette genannt.

TRULLI ➔ Dischi volanti

VOLLKORNNUDELN Aus Weizen-, Buchweizen-, Dinkel-, Grünkern-, Hirse- oder Maismehl hergestellte Nudeln, die alle Bestandteile des Korns enthalten. Vollkornpasta erkennt man am Zusatz »integrale«.

ZITE Röhrennudeln, ähnlich wie Makkaroni

Fettuccine, weiß und grün, mit Trüffelscheiben

NUDELTEIG, SELBSTGEMACHT

Die Herstellung von Teigwaren ist eine Kunst nach der Formel Kunst = Können = Übung + Zeit. Diese Formel gilt besonders für Nudelteig, von Hand gefertigt oder in der Maschine. Egal ob privat oder für den Handel – hergestellt werden sie von Profis, die das lange geübt haben. Richtig gewürdigt und respektiert wird die Herstellung von Nudeln nur in Asien. Ein »Nudelmeister« hat eine jahrelange Ausbildung, bevor er diesen Titel erhält. Je berühmter der Meister, desto teurer die Nudeln. Einfach geht die Eigenherstellung nur, wenn man genügend Erfahrung hat. Nehmen Sie sich Zeit für dieses Projekt. Das Ergebnis ist es wert.

1 Nudelteig zubereiten: Wasser in die Mehlmulde gießen,

2 Eier dazugeben …

3 Den Teig mit den Händen ankneten.

4 Den Nudelteig formen …

5 Hauchdünn ausgewellten Nudelteig von Hand schneiden ...

6 oder durch die Nudelmaschine drehen.

- Teig mit Olivenöl: Je 250 g Weizenmehl, Typ 405, und 250 g feinen Weizengrieß mit 3 Eiern, 2 Eigelb, 1 EL Olivenöl und 1/2 TL Salz zu einem Teig kneten. Evtl. 1 EL Wasser unterkneten.
- Teig mit Vollkornmehl: Je 250 g Weizenmehl, Typ 405, und Weizenvollkornmehl, Typ 1050, mit 2 Eiern, 1 EL Sonnenblumenöl, 1/2 TL Salz und knapp 1/4 l lauwarmem Wasser verkneten. Die Wassermenge nach und nach zufügen, je nach Mehlbeschaffenheit benötigt man etwas weniger oder mehr.

- Wird keine Nudelmaschine verwendet, den Teig in Klarsichtfolie oder Pergamentpapier einschlagen und vor dem Ausrollen etwa 15 Minuten ruhen lassen.

TEIGTIPPS

Aufbewahren

Frische Pasta, mit Weizendunst bestreut, im Kühlschrank 24 Stunden.

Färben

braun	je nach Farbintensität ungesüßten Kakao zufügen. Diese Nudel passen gut zu Saucen mit Entenfleisch, Wild oder Tauben
gelb	Ein Döschen gemahlenen Safran in den Teig einarbeiten.
grün	Dem Teig einen Bund sehr fein gehackte, entstielte grüne Kräuter zufügen oder Mangoldblätter oder Spinat, gekocht, gut ausgedrückt, fein gehackt oder püriert verwenden.
orange	Zwei bis drei Esslöffel gekochte, pürierte Karotten oder Kürbis unter den Teig mischen.
rot	Tomatenmark zufügen.
schwarz	Schwarze Nudeln sind mit Tintenfischtinte gefärbt. Für 400 g fertige Masse 20 g Sepiatinte zugeben. Schwarze Nudeln passen sehr gut zu Meeresfrüchten. Tinte im Fischfachgeschäft vorbestellen.
violett	Saft einer gekochten, pürierten und ausgedrückten Roten Beete zufügen.

- Die meisten farbigen Zutaten sind saftig, deshalb während des Knetens nach Bedarf noch Mehl in den Teig einarbeiten.

Mehlsorte

Für den Standardteig wird Weizenmehl Type 405 verwendet.

Nudelteig

? *Fade im Geschmack*

! Die Nudeln sind in ungewürztem Wasser zubereitet worden.

- Die Nudeln in Würfelbrühe mit Salz, einem Lorbeerblatt und etwas Muskat kochen. Oder würzen Sie das Wasser mit den Gewürzen, die auch in der Sauce vorhanden sind oder die dem Pastateig zugefügt wurden.

Klebt, lässt sich nicht schneiden
Noch etwas Mehl oder Weizengrieß einarbeiten.
- Schneiden

Zu feucht
In den Teig löffelweise Mehl einarbeiten.

Zu trocken
Vorsichtig teelöffelweise Wasser zugeben, bis der Teig geschmeidig wird.

Schimmeln
- Frische Rohware wurde vor dem Lagern nicht vollständig getrocknet.
- Lange Nudeln auf einem Besenstiel hängend leicht trocknen. Kurze Nudeln zwischen zwei Küchentücher legen (Tücher vorher in Wasser auskochen, um Waschmittelreste zu entfernen) und trocknen.

Schneiden
Nudelteig hauchdünn auf einer bemehlten Fläche ausrollen. Leicht antrocknen lassen und mit Weizendunst oder Grieß bestäuben, zusammenklappen und schneiden.

Teigiger Geschmack
- Die Teigwaren wurden nicht lange genug gekocht.

Vorbereiten
Alle Zutaten sollen Raumtemperatur haben, nur so lassen sie sich ohne Mühe zu einem glatten Teig verarbeiten.

Würzwasser

Erwärmen in Würzwasser

- Siedendes Wasser mit Salz, Muskat und Öl anreichern. Nudeln darin erwärmen.
- Aufwärmen.

Zu weich
- Zu lange Kochzeit.
- Zu lange und / oder zu heiß warm gestellt.
- Zu lange in kaltem Wasser im Kühlschrank gelagert.
- Die gegarten Nudeln sind zu lange im lauwarmen Kochwasser geblieben.
- Besser lagenweise aus dem Topf heben, abtropfen lassen und in angewärmter Butter wenden.

Spätzleteig

Ein zäher Teig aus 500 g Weizenmehl, 4–5 Eiern, 1 TL Salz und pro Ei einer halben Eischale Wasser. Den Teig so lange schlagen, bis er Blasen wirft und kein Teigrest am Kochlöffel hängen bleibt.

Kleben zusammen

- Zu wenig Kochwasser, die Spätzle konnten sich nicht ausdehnen.
- Spätzle, die an der Oberfläche schwimmen, mit einem Schaumlöffel in ein Sieb geben, mit reichlich Kaltwasser abbrausen und gut abtropfen lassen.
- Unter die bereits abgetropften, aber noch feuchten Spätzle etwas Öl mischen.

Klumpig

- Alle Zutaten wurden gleichzeitig in die Maschine bzw. Schüssel gegeben und verrührt.
- Das Mehl wurde vor der Verwendung nicht gesiebt.
- Erst Wasser mit Eiern und Gewürzen gut verrühren, dann nach und nach gesiebtes Mehl kräftig unterrühren, bis der Teig Blasen wirft.

Kochen ab / sind verkocht

- Der Teig war zu weich und / oder wurde zu wenig geschlagen.
- Einige Probespätzle kochen.
- Unter den Teig je nach Menge 2–3 El Hartweizengrieß mischen.
- Der Teig wurde in einer Küchenmaschine zubereitet.
- Nach der Fertigstellung in der Maschine zusätzlich mit einem großen Kochlöffel kräftig durchschlagen, bis der Teig Blasen wirft.
- Das Wasser hat nicht richtig gekocht und / oder es wurden zu viele Spätzle auf einmal zugegeben.
- Vor Zugabe die Herdplatte hoch schalten und nur so viel Spätzle zugeben, dass das Wasser nicht aufhört zu kochen.

SPÄTZLE VOM BRETT

Spätzle schaben ist eine Kunst, die durch Übung immer besser wird. Angeblich wird im Schwäbischen die zukünftige Schwiegertochter erst dann akzeptiert, wenn sie diese Kunst beherrscht.

Teig klebt am Brett, lässt sich nicht schaben

- Das Spätzlebrett war nicht angefeuchtet.

- Je unregelmäßiger, »ausgefranster« die Spätzle geformt sind, desto mehr Sauce können sie aufnehmen.

? *Teig »läuft« vom Brett und lässt sich nicht richtig schaben.*

- Bei gleicher Flüssigkeitsmenge (Wasser und Eier verrührt) ca. 10–15% mehr Mehl zugeben und den Teig kräftig durchschlagen, bis er Blasen wirft.
- Dem Teig einen Teelöffel Öl zufügen, dann wird er geschmeidiger und lässt sich besser schaben.

? *Kochen ab / sind verkocht*

! Die geschabten Spätzle waren zu dick.

- Spätzle für Spätzle in gleichmäßigen Streifen vom angefeuchteten Holzbrett direkt ins kochende Wasser schaben – üben!
- Spätzlebrett verwenden (Brett ist am vorderen Rand abgeflacht, so dass sich die Spätzle leichter über den Rand schaben lassen).

! Das Spätzlewasser hat nicht mehr sprudelnd gekocht.

- Spätzle portionsweise ins kochende Wasser schaben, sobald sie hochsteigen, mit einem Schaumlöffel herausnehmen, durch frisches, heißes Salzwasser ziehen, gut abtropfen lassen und auf einer vorgewärmten Platte anrichten.

Wem das alles zu kompliziert ist

- Spätzlehobel oder Spätzlepresse verwenden.

Spätzlehobel

Spätzlepresse

Schwäbische Tüftler haben sich Pressen ausgedacht, bei denen die Spätzle infolge ungleichmäßiger Lochung wie handgeschabt aussehen (sog. Bulling-Presse, benannt nach dem früheren Stuttgarter Regierungspräsidenten Manfred Bulling).

TEIGWAREN KOCHEN

In einem großen Topf Wasser zum Kochen bringen und dann salzen.

Topf – Fassungsvermögen	Menge / Wasser	Salz	Nudel / Rohgewicht
12 Liter	10 Liter	100 g	1000 g
7 Liter	5 Liter	50 g	500 g
4 Liter	2,5 Liter	25 g	250 g
1 Liter	0,75 Liter	7,5 g	75 g (z.B.Suppennudeln)

- Die einfache Nudelformel: 10 : 100 : 1000, also 10 g Salz für 100 g Pasta in 1 Liter (1000 ml) Wasser kochen.
  1 kg Nudeln als Trockenware ergeben ca. 2,5 kg fertige Nudeln.

  Pasta zufügen, wenn das Wasser sprudelnd kocht. Kurz den Deckel auflegen, um das Wasser so schnell wie möglich wieder zu erhitzen. Deckel entfernen, sobald das Wasser kocht. Während des Garens soll sich die Wasseroberfläche kräuseln, dann bewegen sich die Nudeln gleichmäßig

  Pasta während des Kochens mit einem Holzlöffel leicht umrühren, damit sie nicht zusammenklebt. Kleinere Nudeln benötigen ca. 6 Minuten, größere etwa 10 bis 12 Minuten Kochzeit.
- Frische Pasta benötigt nur die Hälfte der Garzeit.
  Lesen Sie die Angaben auf der Packung durch, aber probieren Sie immer wieder die Festigkeit. Das ist die sicherste Methode.
- ! Gefüllte Pasta nie in sprudelnd kochendes Wasser geben, die Teigtaschen platzen dann leicht. Das Wasser muss sieden.

  Fertige Pasta in eine vorgewärmte Schüssel, zur Sauce oder zurück in den Kochtopf geben. Bleibt sie im Sieb, klebt sie zusammen.
- Um die Nudeln geschmacklich noch kräftiger zu machen, dem Kochwasser einen Brühwürfel, eine kleine Zwiebel und ein Lorbeerblatt zugeben. Vor Zugabe der Nudeln 10 Min. köcheln lassen.
  Oder das Wasser mit den Gewürzen würzen, die auch in der Sauce vorhanden sind oder die dem Pastateig zugefügt wurden, z. B. Schwarze Nudeln / Sepianudeln mit Fischgewürz.
- Pasta etwa eine Minute vor Ende der Garzeit abgießen, unter die Sauce mischen und sofort servieren. Die Pasta gart in der Sauce fertig und nimmt dadurch deren Geschmack besonders gut auf.

Tricks und Tipps von A bis Z

Abschrecken

Durch das Abschrecken wird der Garvorgang unterbrochen. Die bissfest / al dente gegarten Nudeln in ein Sieb geben, wenn überhaupt, nur kurz mit warmem Wasser abbrausen oder nur in Butter schwenken. Pasta nur dann abbrausen, wenn der Stärkefilm entfernt werden soll. Bleibt der Stärkefilm erhalten, wird die Sauce besser aufgenommen.
Teigwaren, die weiter verarbeitet werden, z. B. zum Braten, Backen und Frittieren oder für Salate, werden kalt abgeschreckt.

Abtropfen

Pasta in ein Sieb geben und das Kochwasser ablaufen lassen, dabei leicht rütteln.
Pasta nicht vollständig abtropfen lassen, wenn die Nudeln noch leicht feucht sind, wird die Sauce besser aufgenommen.

- Etwas Kochflüssigkeit zurückhalten, falls die Pasta zu trocken ist oder um sie kurz warm zu halten.
- Bei Röhrennudeln (z. B. Canneloni oder Makkaroni) stärker rütteln, da sich im Inneren oft Wasser sammelt und den Saucengeschmack verdirbt.

Aufbewahren

Trockenware selbst hergestellt ohne Eier bei Raumtemperatur ca. vier Wochen.
Trockenware industriell hergestellt fast unbegrenzt.
Rohware frisch, mit Eiern im Kühlschrank ca. 3–4 Tage, tiefgefroren ca. 2 Monate.
Gekochte Nudeln mit wenig Öl und abgedeckt nicht länger als drei Tage im Kühlschrank aufbewahren. Öl verhindert das Verkleben, Butter und Margarine sind ungeeignet.

- Nudeln nie zusammen bzw. offen mit Rohprodukten wie Salat und Gemüse lagern: Salmonellengefahr.
- Gefüllte Teigtaschen auf ein mit Maismehl bestäubtes Backblech gesetzt, mit einem Küchentuch locker abgedeckt, im Kühlschrank höchstens 24 Stunden. Die Teigtaschen dürfen sich nicht berühren. Tiefgefroren nicht länger als zwei Monate.

Aufwärmen

- In gewürzter, knapp bemessener Fleischbrühe.
- Durch Anschwenken in der Pfanne unter Verwendung von Butter oder Margarine. Öl lässt die Nudeln zu hart werden.

- Durch Eintauchen mit Hilfe eines Siebes im sogenannten Würzwasser. Anschließend Sieb abklopfen und die Teigwaren anrichten. Nudel dann nur »al dente« d.h. mit Biss – also knapp – garen.
- In der Mikrowelle: Nudeln im kalten Zustand würzen und mit wenig Flüssigkeit beträufeln, zugedeckt erhitzen.

- Erwärmen in Würzwasser.

Einfrieren

Gekochte, trockene Nudeln in verschließbaren Behältern können problemlos eingefroren werden.

Garziehen

Zu früh abgegossene Nudeln (noch sehr al dente) in einen verschlossenen Behälter / Topf geben und nachziehen lassen.

Grau / grün geworden

- Dem Kochwasser wurde zu viel gekörnte Brühe zugesetzt, welche die Nudeln »eingefärbt« hat.
- Je Liter Wasser max. 1 Esslöffel gekörnte Brühe verwenden.

Kalt laufen lassen

- Wenn Nudeln vorgekocht und / oder größere Mengen benötigt werden.

1. Nudeln nach dem Kochen in ein Sieb abgießen.
2. Siebinhalt in den leeren Topf zurückgeben
3. Leeres Sieb auf den Topf setzen.
4. Kaltes Wasser darüber laufen lassen.
5. Nach ca. 5 Minuten Vorgang wiederholen.
6. Danach gut abtropfen.

- aufbewahren

Kleben

- Das Verhältnis von Kochwasser zu Nudeln hat nicht gestimmt.
- Teigwaren kochen, Tabelle Seite 17
- Das Wasser hat bei Zugabe der Nudeln nicht mehr gekocht.
- Teigwaren kochen, Tabelle Seite 17
- Es wurden mehrere Sorten und / oder Größen von Nudeln auf einmal zusammen gekocht.
- Die Nudeln wurden zu lange gekocht.
- Die Nudeln wurden nicht lange genug nach dem Kochen abgespült.
- Kalt laufen lassen
- Nasse Nudeln wurden sofort nach dem Abspülen in der Pfanne angeschwenkt.
- Nudeln wurden mit Margarine oder Butter beträufelt.
- Gekochte Nudeln gründlich abtropfen lassen und mit etwas Öl vermischen.
- Es wurde zu wenig umgerührt.
- Vor allem bei langen Nudeln eine so genannte Spaghettigabel aus Holz verwenden.
- Die Nudel wurden nach dem Abgießen im Sieb aufbewahrt.
- Teigwaren kochen

Kochen über

- Einige Tropfen Öl ins Kochwasser geben.
- Sofort einen Schuss kaltes Wasser zufügen.
- Sofort einige Eiswürfel zufügen.
- Sofort 1 Tasse Crash-Eis zufügen.

NUDELN/PASTA PLUS

Allgemeines

Gekochte Nudeln, die mit anderen Zutaten wie Gemüse oder Pilzen vermischt werden, müssen gut abgetropft und leicht vorgewürzt sein, sonst »verwässern« sie den Geschmack des fertigen Gerichts. Fertige Nudeln erst mit etwas Salz und / oder Olivenöl durchmischen. Vorgekochte und kalte Nudeln in Würzwasser erhitzen.

Aufwärmen, Tricks und Tipps, Seite 18

Ei

ALLGEMEINES

Für Eier mit Pasta können alle Nudelsorten verwendet werden. Bei Bedarf klein schneiden oder durchbrechen. Die Kombinationen sind vielfältig und richten sich nach dem persönlichen Geschmack. Die Zutaten zur Nudel-Eimasse sollten möglichst die gleiche Größe haben und müssen bei Bedarf vorgegart werden.

? *Ausgeflockt*

! Die Nudeln wurden nicht schnell genug mit den Eiern verrührt und konnten sich nicht mit dem Käse zu einer Creme verbinden.

? *Kleben, Pasta lässt sich nicht trennen*

! Es wurden frisch gekochte, nicht ausgekühlte Nudeln verwendet.

✪ Nudeln vom Vortag verwenden.

! Gekochte Nudel waren noch warm.

✪ Nudeln auf einem Backblech ausbreiten und mit wenig Öl beträufeln, dann kühlen sie schneller ab.

? *Matschig*

! Nudeln wurden zu weich gekocht, nicht al dente.

? *Schmecken bitter*

! Eier und Nudeln sind beim Braten braun geworden.

✪ Erst wenn die Pasta gewürzt und richtig heiß ist, Eier zufügen, ständig rühren und sofort anrichten.

! Fett zum Anbraten war nicht richtig heiß und / oder Eier wurden zu wenig verquirlt.

✪ Nudeln auflockern und würzen. Pfanne vorheizen, Öl oder Butter-Öl-Mischung erhitzen, Pasta großflächig in der Pfanne verteilen und sorgfältig anbraten. Dabei abschmecken und nachwürzen. Das verquirlte Ei unterziehen, darauf achten, dass die Eimasse sich gut mit den Nudeln verbindet und stockt. Auf vorgewärmten Tellern anrichten und sofort servieren.

✪ Eier mit etwas Milch und / oder Mineralwasser aufschlagen, dann würzen.

? *Schmecken fade*

! Die Pasta wurde nicht nochmals gewürzt, die Eier haben den Geschmack entzogen.

✪ Verquirlte Eier mit Salz und wenig geriebener Muskatnuss vorwürzen.

? *Zu fest / zu trocken*

! Zu lange gebraten.

! Nachdem die Eier gestockt haben, wurde weiter gebraten.

! Zu viele Eier verwendet.

✪ Für 4 Portionen 4–5 Eier.

! Eier wurden mit süßer Sahne gemischt.

✪ Zum Aufschlagen Milch mit 3,5 % Fettgehalt verwenden.

NUDELOMELETT

Allgemeines

Dafür eignen sich besonders kleine Sorten wie z. B. Hörnchen, Sternchen, Gnocchi. Aber auch Pastareste, die dann klein geschnitten werden müssen. Alle weiteren Zutaten ebenfalls einheitlich klein schneiden.

Es gibt zwei Formen: Das eingeschlagene, eingerollte Omelett oder das Omelett in Form eines Pfannkuchens / Frittata. Wichtig ist, dass vor der eigentlichen Zubereitung alle benötigten Zutaten wie geschnittene Zwiebel, vorgegartes Gemüse, verquirlte Eier etc. griffbereit sind. Alles zu einem früheren Zeitpunkt vorbereiten und im Kühlschrank abgedeckt lagern.

OMELETT, EINGESCHLAGEN

Nicht zu viele Zutaten bei hoher Temperatur rasch anbraten. Eier zufügen, kurz verrühren, Pfanne leicht ankippen, so dass der Inhalt nach vorn, Richtung Pfannenstiel rutscht. Überstehende Seitenränder mit einem Holzspatel zur Mitte drücken und das Omelett kopfüber auf den Teller kippen.

FRITTATA

ⓘ *Bleibt in der Pfanne kleben*
- ⓘ Zutaten wurden nicht richtig und / oder bei zu geringer Temperatur angebraten.
- ✪ Pfanne gut vorwärmen, Fett bei hoher Temperatur erhitzen und Zutaten rasch anbraten.
- ⓘ Zutaten wie Gemüse oder Kartoffeln waren zu nass.
- ✪ Gemüseeinlage nach Fertigstellung in einem Sieb abkühlen lassen.
- ⓘ Zum Anbraten wurde Butter oder Margarine verwendet.
- ✪ Öl verwenden.
- ⓘ Die Pfanne war nicht richtig sauber und / oder verkratzt.
- ✪ Für die Zubereitung von Eierspeisen immer dieselbe Pfanne benutzen.

ⓘ *Nicht richtig durch*
- ⓘ Eier wurden nur darüber gegossen.
- ✪ Nach starkem Anbraten der Einlagen, Eier darüber gießen, kurz mit dem Kochlöffel verrühren und die Oberfläche glätten.
- ⓘ Zuviel Einlage.
- ✪ Nur so viel Einlage verwenden, dass der Pfannenboden gerade bedeckt ist.
- ✪ Backofen auf 160 °C vorheizen. Omelett nach einseitigem Anbraten mit Pfanne in den Backofen stellen und ca. 10 bis 15 Min. durchbacken. Oder unter dem vorgeheizten Grill ca. 3 Minuten backen, bis sich die Masse gesetzt hat.

ⓘ *Zerfällt*
- ⓘ Die Zutaten waren zu grob geschnitten.
- ✪ ▸ Allgemeines
- ⓘ Eier wurden bei der Zugabe zu lange gerührt.
- ⓘ Die Zubereitung wurde unterbrochen und später fortgesetzt.
- ✪ Omelett zügig zubereiten und im Backofen bei 80 °C warm halten.

Fisch und Meeresfrüchte

Fisch

ALLGEMEINES
Fisch und Pasta sind eine perfekte Kombination. Sie können praktisch alle Fischarten mit den unterschiedlichsten Pastasorten kombinieren. Deshalb geben wir nur einige Beispiele von bestimmten Fischsorten an. Verwenden Sie möglichst frische Ware. Tiefkühlware auf einen Siebeinsatz legen und in einem geschlossenen Behälter schonend auftauen.

GRUNDREZEPT: Den Fisch knapp und nicht zu trocken mit Sahne, Fischfond, Gemüse oder Pilzen garen, mit der heißen Pasta mischen, nochmals abschmecken und sofort servieren.

- Fisch und Pasta eine Minute vor Ende der Garzeit vermischen und zusammen fertig garen. Das Gericht muss sofort serviert werden. Diese Gerichte lassen sich nur bedingt vorbereiten.
  Die Pasta können Sie vorkochen Aufwärmen. Die Sauce für den Fisch ebenfalls. Den Fisch aber erst zufügen, wenn Sie essen möchten oder die Gäste da sind.
- Dem Kochwasser Fischgewürz und etwas Wein zufügen.
- Bei ganzen Fischen aus den Parüren (Abschnitten) einen kräftigen Fond kochen. Dem Kochwasser und / oder dem fertigen Gericht zufügen. Restlichen Fond einfrieren.
- Meisterfond zufügen.

MEISTERFOND ZIEHEN: Den vorgefertigten Fond zufügen und die gewünschte Sauce oder Brühe in ausreichender Menge zubereiten. Vor dem Andicken soviel Flüssigkeit wieder abnehmen, wie vorher an Fond zugegeben wurde. Entfetten und passieren. In einen Gefrierbeutel füllen und kennzeichnen (z. B. mit Nr. 2 beschriften). Je häufiger Sie das wiederholen, desto gehaltvoller wird der Fond. Durch mehrfaches Aufkochen und Lagerung im Kühlschrank verlängert sich die Haltbarkeit.

? *Fade im Geschmack*

! Fischanteil war zu niedrig. Hier haben Sie ein Problem: Wenn Sie zu lange nachbessern, wird das Gericht matschig und schmeckt nicht mehr. Schmecken Sie die Gerichte unbedingt vor dem Vermischen mit der Pasta ab. Achtung: Wenn Sie den Fischanteil nachträglich erhöhen, haben Sie unterschiedliche Gargrade.

- Einige Löffel Sauce abziehen, mit etwas Sardellenpaste gut verrühren, zufügen, vorsichtig unterheben und sofort servieren.
- Eine Erhöhung des Fischanteils empfiehlt sich nur mit Filets, die sehr schnell garen. Die Fischteile in etwas Brühe garen und vorsichtig unter das fertige Gericht heben.

? *Trocken*

! Zu wenig Sauce.

- Erwärmte, gewürzte Brühe zufügen, unterziehen, nachwürzen und sofort servieren.
- Bei Sahnesaucen gewürzte Brühe mit wenig Sahne oder Milch verwenden.
- Bei Tomatensaucen pürierte Pizzatomaten würzen, aufkochen lassen, zufügen und erneut abschmecken.

- Da Nudeln die Sauce aufsaugen, diese erst kurz vor dem Servieren zufügen.
- All das darf nicht zu lange dauern, sonst wird das Gericht matschig. Bereiten Sie daher von der Grundsauce immer etwas mehr zu. Bei Bedarf »angewärmt« zufügen. Restsauce einfrieren.

Zu weich / matschig
- Nudeln wurden zu weich gekocht.
- Teigwaren kochen
- Nudeln waren nicht richtig abgetropft.
- Abtropfen
- Nudeln wurden zu lange warm gehalten.
- Fertige Nudeln standen zu lange auf der Herdplatte.
- Nudeln wurden im Sieb belassen.
- Fertiges Gericht im Backofen bei 80 °C max. 10–15 Min. warm halten.

LACHS

Allgemeines
Beim Einkauf eines ganzen Lachses vom Händler Schuppen und untere Bauchlappen entfernen lassen. Letztere sind nicht zu verwenden und schmecken tranig.

Schmeckt fade
- Zu geringer Fischanteil.
- Allgemeines, schmeckt fade.

- $1/4$ Frischlachsmenge durch Räucherlachs ersetzen.

Weiter verwenden
Aus Resten Teigtaschen mit Lachs-Hechtfüllung zubereiten (Rezept folgende Seite).

1 Farce in einen Spritzbeutel füllen...

2 ...auf eine Teigplatte spritzen und aufrollen.

3 In Abständen einkerben...

4 ...und Teigtaschen abschneiden.

60 g Lachs, 60 g Hechtfilet, 60 g Sahne, 1 Eiweiß, Salz, Pfeffer und 1 TL fein gehackter Dill, alles gut gekühlt. Hecht in Würfel schneiden, mit dem Eiweiß fein pürieren und nach und nach die Sahne einarbeiten. Die Masse durch ein Haarsieb streichen und mindestens 2 Stunden kühl stellen. Lachs in feine Würfel schneiden und mit dem Dill unter die Hechtfarce mischen, nochmals abschmecken und nachwürzen. Teigtaschen damit füllen (Seite 23) und in reichlich Salzwasser ca. 5 Minuten garen.

Zu trocken

Zu trocken, Teigtipps, Seite 14.

SARDELLEN

Sardellen lassen sich gut mit Pasta kombinieren.

Bitter im Geschmack

Die Sardellen wurden in zu heißem Öl angebraten.

Sardellen putzen und in Öl langsam anschwitzen. Mit einer Gabel zerteilen und weiter erhitzen, bis sie ganz zerfallen sind.

STOCKFISCH / KLIPPFISCH

Stockfisch war früher meist Kabeljau (heute auch andere Fische), dem der Kopf abgetrennt und der auf Gestellen getrocknet wurde (Stockfisch ungesalzen, Klippfisch gesalzen). Dies ist eine der ältesten Konservierungsmethoden und trotz moderner Technik wird sie im Mittelmeerraum und in Südamerika noch oft angewendet.

Muffiger Geschmack

Das Wasser wurde nicht täglich gewechselt.

Der Fisch wurde nicht geputzt.

Ein Liter Wasser mit einem Lorbeerblatt, Tomaten, Lauch und Fenchel aufkochen, gewässerten Stockfisch einlegen und bei geringer Hitze 10 bis 15 Minuten ziehen lassen. Herausnehmen, Haut und Gräten entfernen und Fisch klein schneiden.

Zäh

Der Fisch wurde nicht lange genug gewässert.

Stockfisch 24 Stunden lang in Wasser einlegen; Klippfisch 2 Tage in mehrfach gewechseltem Wasser entsalzen.

Der Fisch wurde die ganze Zeit in der Sauce mitgegart.

Die Stockfischstücke erst ca. 5 Minuten vor Ende der Garzeit zufügen.

THUNFISCH

Fade

Passiert bei frischem Thunfisch.

Feine Würfel von Zwiebeln, frischen Paprika / Peperoni und gehackten Oliven jeweils getrennt scharf anbraten, zusammen mit dem Fisch kurz anschwitzen und sofort mit der Sauce und / oder Nudeln mischen.

Fettig

Es wurde Thunfisch in Öl aus der Dose verwendet.

Vor Gebrauch Doseninhalt auf einem Sieb abtropfen lassen.

Anstelle von Thunfisch in Öl Thunfisch im Sud verwenden.

Trocken

Frische Thunfischwürfel wurden zu lange gebraten. Sie sind dann richtig, wenn die Würfel beim Anschneiden noch einen rosa Kern haben.

Fisch

Meeresfrüchte

ALLGEMEINES

Meeresfrüchte, die in Lake eingelegt sind, vor Gebrauch abseihen. Tiefkühlware 24 Std. vorher aus der Packung nehmen, in einen Behälter mit Gittereinsatz umfüllen, abdecken und im Kühlschrank auftauen lassen. Nur frische und einwandfreie Ware verwenden.

MUSCHELN

Allgemeines

Muscheln bürsten

Muscheln nur in Monaten mit »R« verwenden. Nur einwandfreie Ware mit geschlossener Schale und unbeschädigter Verpackung kaufen.

- Vom Händler in den Transportbeutel Crash-Eis einfüllen lassen. Bei längerem Transport zusätzlich Kühltasche oder Kühlbeutel benutzen. Muscheln gründlich waschen, bürsten und mit einem kleinen Messer evtl. vorhandene Seepocken, Seetang und den Muschelbart entfernen. Wie immer gilt auch hier: Pasta kochen, Sauce kochen, Muscheln zubereiten. Erst kurz vor dem Servieren mischen.

Aufbewahren

Im Kühlschrank max. 24 Stunden.
Vakuumware im Kühlschrank max. 48 Stunden.

Sandig

- Muscheln wurden zu wenig geputzt und gewaschen.
- 1. Muscheln ca. 30 Min. in kaltes Wasser legen.
  2. Muscheln putzen und bürsten.
  3. Schmutzwasser ablassen und die Muscheln erneut in frisches, kaltes Wasser legen, dann kochen.

Schmecken fade

- Muscheln wurden nur in Salzwasser gekocht.
- Reichlich zerkleinertes Suppengrün, Zwiebeln, Knoblauch und Fenchel in Olivenöl unter Zugabe von Salz, Pfeffer, Kümmel und Lorbeerblatt andünsten. Mit Rot- oder Weißwein ablöschen. Mit viel Wasser zum Kochen bringen und Muscheln zufügen.

Weiter verwenden

- Muscheln mit einem Teil der Kochbrühe oder zur Pasta servieren. Die restliche Brühe bei hoher Temperatur um zwei Drittel reduzieren, mit einem Mixstab pürieren, abschmecken und mit Knoblauchbaguette als Suppe nachreichen. Die reduzierte Brühe lässt sich auch gut einfrieren.

Zäh

- Die Kochzeit war zu kurz.
- Nach dem Einlegen die Muscheln ca. 20–25 Min. kochen.
- Der Topf war zu klein und / oder enthielt zu wenig Brühe.
- Die Menge der Brühe muss so bemessen sein, dass bei Zugabe der Muscheln die Brühe nicht aufhört zu kochen. Man rechnet für 5 kg Muscheln etwa 8–10 Liter Flüssigkeit.

JAKOBSMUSCHELN

1 Geschlossene Jakobsmuschen

2 Die Muscheln öffen

3 Mit dem Messer den Bart und dunkle Teile entfernen.

Jakobsmuscheln schmecken während der Fangzeit zwischen November und März am besten. Den Bart und alle dunklen Teile entfernen. Butter in einer Pfanne erhitzen und die Jakobsmuscheln auf beiden Seite je nach Größe etwa 1 1/2 Minuten braten. Mit Bandnudeln und Sahnesauce servieren. Oder Tomatensugo dicklich einkochen. Jakobsmuscheln halbieren und bei niedriger Temperatur im Sugo in 3 bis 4 Minuten garen.

SEEIGEL

Seeigel sind eine Spezialität in der Pastaküche. Am besten beim Fischhändler vorbestellen, denn sie sind leicht verderblich. Beim Kauf darauf achten, dass sie noch leben. Seeigel gibt es auch aus der Dose, das macht weniger Arbeit. Die Seeigel mit einem Tuch in die Hand nehmen, die flache Unterseite nach oben. Mit einer Schere das obere Drittel kreisrund abschneiden, die Schale mit den anhängenden Innereien und Esswerkzeugen abnehmen und wegwerfen. Den Saft durch ein Sieb in eine Schüssel abgießen und mit einem Löffelchen die gelb- bis orangefarbenen Weichteile (Zungen) für die Sauce entnehmen. Für 4 Personen benötigen Sie ca. 16 Seeigel.

- 1 Bund Petersilie mit 2 Knoblauchzehen und einer Chilischote zerkleinern. Wenn die Spaghetti halbgar sind, in einer Kasserolle ein halbes Glas Olivenöl erhitzen und das Petersiliengemisch darin andünsten, Seeigelsaft zufügen. Kurz bevor die Spaghetti abgegossen werden, das Seeigelfleisch in die Kasserolle geben, umrühren und leicht köcheln lassen. Spaghetti abgießen, mit der Sauce vermischen und sofort servieren.

Spaghetti alle vongole

Der Pastaklassiker.

- Verwenden Sie statt Spaghetti Bucatini, eine dünne Makkaroniart.

Makkaroni Vongole

SCHALTIERE, KRUSTENTIERE

Allgemeines

Verwenden Sie, wenn möglich, frische Ware. Tiefgekühlte Ware auf einen Siebeinsatz in eine Schale legen und langsam auftauen. Unter fließendem Wasser abspülen und vor dem Verarbeiten auf Küchenkrepp zum Abtrocknen auslegen.

- Nur im Notfall, wenn es schnell gehen muss: Tiere in einen festen Plastikbeutel geben und in handwarmem Wasser auftauen.

Karkassen für einen Fond verwerten

Lösen Sie Schalen, Krusten oder Karkassen aus, waschen Sie die Teile sorgfältig und hacken oder schneiden Sie diese in kleine Stücke. In heißem Öl leicht Farbe nehmen lassen. Kleingewürfeltes Suppengemüse in Butter anschwitzen, Gewürze und Kräuter wie Lorbeerblatt, Wacholderbeeren, Nelke, Estragon, Thymian zufügen. Etwas Tomatenmark einrühren und 2 Minuten ziehen lassen. Karkassen mit Cognac / Branntwein ablöschen und zum Gemüse geben. Mit kaltem Wasser aufgießen, bis die Mischung bedeckt ist. Aufkochen, dabei umrühren. ca. 20 Minuten köcheln lassen. Den Schaum abschöpfen. Durch ein Passiertuch abseihen.

- Restlichen Fond einfrieren und beim nächsten Gericht zufügen.

- *Zäh*
- Wurden zu lange gegart.
- Wurden in der Sauce mitgegart.
- Gericht wurde aufgewärmt.
- Tiere in einem gut gewürzten Fond garen und erst kurz vor dem Servieren in die Sauce geben.

TINTENFISCH

Allgemeines

Sepia (Tintenfisch), Calamari, Krake / Octopus sind im mediterranen Raum sehr beliebt. Der milde Fischgeschmack passt vorzüglich zu Zutaten wie Knoblauch, Zwiebel, Tomaten, Paprika und Olivenöl.

- Geputzte Tuben, wie Sepia, in leichtem Salzwasser unter Zugabe von Zitronenstücken, Suppengrün und etwas Fenchel oder wenig Fenchelsamen ca. 60 Minuten blanchieren, dann verkürzt sich die Garzeit.
- Wird zu kurz gegart, ist der Fisch zäh, wird zu lange gegart, ist er auch zäh. Ständig prüfen, ob der Tintenfisch gar ist, dann sofort aus der Flüssigkeit nehmen. Erst kurz vor dem Servieren in die Sauce einlegen. Die Mühe lohnt sich auf jeden Fall.

- Calamaretti (kleine Calamari) und Sepia in nicht zu heißem Olivenöl etwa 5 Min. frittieren oder in wenig Öl braten und anschließend auf Küchenkrepp kurz abtropfen lassen.

Fade

- Wurden nur in Wasser blanchiert.
- Allgemeines, Seite 20.

Zäh

- Zu wenig gekocht oder im Rohzustand verarbeitet.
- Tintenfisch wurde nach dem Garen nicht sofort aus der Flüssigkeit genommen.
- Hier hilft nichts. Kochen Sie die Sauce mit dem Tintenfisch nochmals kräftig bei offenem Topf durch. Fischen Sie die Fischteile heraus und nennen Sie das Gericht Pasta mit Tintenfischsugo.

Ein Rezept möchten wir anführen. Schon allein wegen des Namens »Priesterwürger mit kleinen Tintenfischen« und weil es köstlich schmeckt.

Strozzapreti mit Seppioline

500 g Seppioline in kleine Stücke schneiden und in eine Schüssel legen. Thymianblättchen von 5 Zweigen abzupfen und überstreuen. Den Saft und die abgeriebene Schale einer halben Zitrone zufügen. Alles mit Salz und 2 EL Olivenöl vermengen. Abgedeckt ca. 2 Stunden kalt stellen. 750 g Tomaten häuten, Stielansatz und Samen entfernen und würfeln. Seppioline bei starker Hitze in der Marinade dünsten, bis die Flüssigkeit fast verdampft ist. Sofort aus dem Topf nehmen, damit sie nicht zäh werden. Tomaten mit 1 TL Zucker, je 100 ml Wermut und Weißwein in den Topf geben und die Sauce bei mittlerer Hitze eindicken lassen. Die Strozzapreti al dente kochen und mit der Sauce und den Seppioline vermischen. Mit Salz und Pfeffer würzen und sofort servieren.

Fleisch und Wurst

Allgemeines

Pasta wird in Italien zu allen Fleisch- und Wildgerichten gegessen. Also auch zu Braten, Ragouts und Kurzgebratenem. Hackfleisch aus Rind, Schwein, Kalb oder Lamm ergibt so viele köstliche Gerichte, dass es den Rahmen dieses Ratgebers sprengen würde, wollte man sie alle aufzählen. Aber einige Grundregeln sind zu beachten:
Für Nudelgerichte aus der Pfanne eignen sich am besten Lenden- oder Filetstücke, da diese die kürzeste Garzeit haben. Als Bratfett eignen sich Öl oder Butterfett, die hoch genug erhitzt werden können.

- Fleisch richtig schneiden

1 Fleischscheiben quer zur Faser in Streifen…

2 …und bei Bedarf in Würfel schneiden.

Die Fleischstücke erst in dünne Scheiben, dann quer zur Faser in dünne Streifen schneiden.

? *Fade im Geschmack*
! Gericht wurde mit ungewürzter Brühe oder Sauce aufgegossen.
✪ Einen Fond oder Jus kochen, abschmecken und zum Aufgießen verwenden.

? *Fleisch trocken*
! Das Fleisch wurde zu lange und / oder in zu heißem Öl gebraten.
✪ Fleisch nur kurz bei hoher Temperatur unter mehrmaligem Wenden anbraten.
! Vorgebratenes Fleisch ist abgekühlt und wurde erst später weiter verarbeitet.
! Fleisch wurde bei zu geringer Temperatur und / oder zu lange gebraten.

? *Matschig*
! Nudeln waren zu weich gekocht und / oder zu lange warm gestellt.
✪ Nudeln etwas länger, ca. 1–2 Min., als »al dente« kochen und nach gründlichem Abtropfen unter die Sauce ziehen.
✪ Nach Fertigstellung sofort auf vorgewärmten Tellern anrichten.
! Reste wurden mit frisch gekochten Zutaten gemischt.

? *Trocken*
! Es wurden kalte, vorgekochte Nudeln verwendet.
✪ Nudeln in Würzwasser (Würzwasser) erwärmen, abtropfen lassen und zufügen.
! Die Nudeln wurden zu früh mit der Sauce vermischt und haben diese aufgesaugt.
✪ Nach der Fertigstellung sofort auf vorgewärmten Tellern anrichten.

GEFLÜGEL

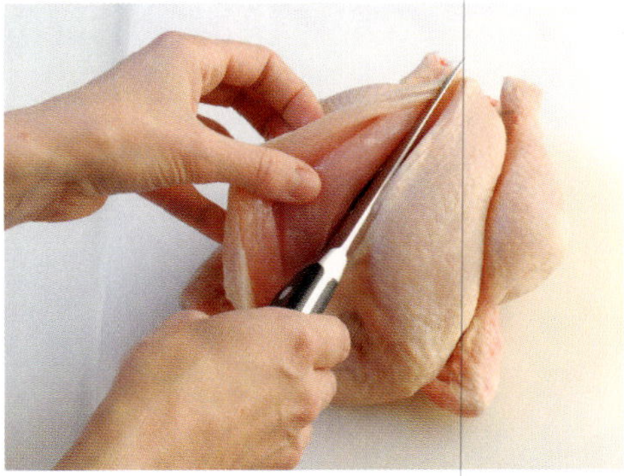

1 Am Brustbein entlang im Halbbogen nach unten...

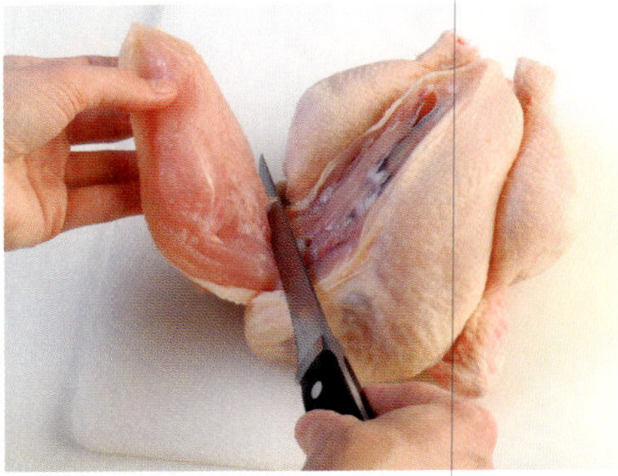

2 ...und dabei die Haut durchschneiden.

3 Brust zur Seit legen und den Vorgang auf der anderen Geflügelhälfte wiederholen.

Geeignet ist rohes, ausgelöstes Brustfleisch ohne Haut von Ente, Fasan, Gans, Huhn, Pute. Fleischteile von Keulen sind fester und haben häufig Sehnen und Knorpel. Wird das Geflügelfleisch selbst ausgelöst, einen Fond aus den Knochen / Karkassen herstellen. Diese mit zerkleinertem Suppengrün und Gewürzen anbraten, mit Wasser und Weißwein aufgießen, durchkochen und abseihen. Den Fond für die Zubereitung von Saucen verwenden.

Brustfilets ohne Haut

- Putenbrustfleisch von weiblichen Tieren ist zarter als von männlichen.

- *Fade*
- Nudeln waren vor Zugabe nicht vorgewürzt.
- Nach dem Abtropfen mit Salz und Olivenöl vorwürzen.
- Nudeln waren nicht richtig abgetropft.
- Vor dem Anrichten nochmals abschmecken.

Saucen

- Nudelsaucen
  Hühnerfleisch für weiße Saucen wie Weißwein-, Sahne- oder Champignonsaucen.
  Ente oder Gans für braune Saucen wie Portwein-, Sherry- oder dunkle Orangensauce .
  Pute oder Truthahn für Arrabbiata-, Aurora-, Rotwein-, Paprikarahm-, Rahm- und Tomatensauce.

- *Trocken / zäh*
- Geflügelfleisch war zu lange und / oder falsch gelagert.
- Sofort auspacken und in einem abgedeckten Behälter im Kühlschrank lagern.
- Zu lange und / oder in zu heißem Fett gebraten.
- Zum Anbraten eignet sich außer Margarine eine Mischung (50 : 50) aus Butterfett und Olivenöl. Dabei nicht ganz durchbraten, da das Geflügel noch in der Sauce nachzieht.
- Es wurde bereits gegartes Geflügelfleisch wie Brathähnchen verwendet.
- Vorgegartes Geflügelfleisch würfeln und ca. 20 Min. in der heißen Sauce ziehen lassen. Erst dann mit der Pasta vermischen. Geeignet sind Sahnesauce oder eine weiße Sauce.
- Die Nudeln wurden ohne Sauce mit dem Geflügel vermischt.
- 1. Fertige, heiße Sauce abgeschmeckt und passiert bereitstellen.
  2. Pasta kochen, kurz abschrecken und abtropfen lassen.
  3. Rohes Geflügelfleisch in der Pfanne mit anderen Zutaten anbraten und würzen.
  4. Mit der Sauce aufgießen und kurz aufkochen lassen.
  5. Heiße Nudeln zufügen und gut vermischen.

HASE

Geeignet sind die Hasenfilets, Hasenlenden oder ausgelöster Rücken. Aus Knochen und Abschnitten einen Fond zubereiten und damit die Sauce aufgießen. Weitere Zutaten: Knoblauch, Speckwürfel, Pilze, Silberzwiebeln, Maronen und Wacholder.

- Hasenfilets knapp anbraten und nur sehr kurz in der Sauce fertig garen

KALB

Fleisch als Geschnetzeltes schneiden (Allgemeines, Seite 28).

Gebundene Sauce: Vermischt mit weißer oder brauner Kalbssauce und mit Sahne aufgehellt. Zugaben von würfelig oder in dünne Streifen geschnittenem und vorblanchierten Gemüse wie Spargel, Sellerie, Karotten, Fenchel, Zucchini.

Ungebundene Sauce: Fleisch anbraten, frisches, rohes und klein geschnittenes Gemüse zufügen, kurz mitschmoren, mit Weißwein ablöschen, mit Gemüsebrühe knapp aufgießen und fertig garen. Nudeln unterheben, mit der Pasta vermischen, abschmecken und servieren.

KANINCHEN

Fleisch schneiden (Allgemeines), würzen und anbraten. Zugabe von halbierten Schalotten, Champignons und Knoblauch. Mit leicht gebundenem Kalbsjus aufgießen, aufkochen, mit der Pasta vermischen, abschmecken und servieren.

LAMM

Lammlende schneiden (Allgemeines, Seite 28), würzen, in Olivenöl rasch anbraten.

Fein würfelig geschnittene Gemüsemischung (Ratatouille, siehe Abbildung) aus Zwiebel, Tomate, Zucchini, Paprika, Knoblauch zugeben und mitschmoren. Mit leichter Tomatensauce binden, mit Rotwein und Cognac / Weinbrand abschmecken, mit der Pasta vermischen, abschmecken und servieren.

RIND

Rinderlende, Filet oder gut abgehangene Rinderhüfte schneiden (Allgemeines) und gewürzt in heißem Öl rasch anbraten, dünne Streifen von Zwiebeln, Champignons und Essiggurke mitschmoren, den Bratensaft mit Senf binden. Mit leichter Portweinsauce aufgießen, mit der Pasta vermischen, abschmecken und servieren.

SCHWEIN

Lende oder Filet, geschnitten (Allgemeines, Seite 28) und gewürzt, in heißem Öl rasch anbraten. Fein gewürfelte Zwiebeln in Butter glasig werden lassen, mit wenig Paprikapulver und etwas abgeriebener Zitronenschale vermischen, mit Weißwein ablöschen und kurz aufkochen. Fleisch zufügen und zugedeckt kurz schmoren. Mit Jus knapp aufgießen, mit Sahne verfeinern. Mit der Pasta vermischen, abschmecken und servieren.

SCHINKEN, SPECK UND WURST

Schinken, Speck und Wurst spielen eine herausragende Rolle in der Pastaküche. Sowohl als Hauptzutat als auch in Verbindung mit anderen Zutaten sind sie für den perfekten Geschmack wichtig. Sie können fast jede Sorte verwenden. Wenn Sie die Wahl haben, nehmen Sie das italienische Original.

SCHINKEN

Allgemeines

Für Pasta mit Schinken eignen sich gekochter Schinken, Kaiserfleisch, Kasseler, Schwarzgeräuchertes und roher Schinken. Schwarzgeräuchertes und roher Schinken können sehr salzig sein, beachten Sie dies beim Würzen. Der wunderbare italienischen Prosciutto crudo ist ein durch Luft mit Salz getrockneter Schweineschinken. Das Salz entzieht dem Schinken die Feuchtigkeit. Das zarte Aroma entsteht durch den langsamen Trocknungsprozess.

Gekochter Schinken

Roher Schinken (Parmaschinken)

Schinkenspeck (Bauchspeck)

Schmeckt fade
- Schinken wurde einfach unter die Nudeln gemischt.
- In wenig heißem Öl in der Pfanne anbraten und dann die Nudeln zufügen.
- Mit dem Schinken Zwiebelwürfel anbraten.
- Zum Würzen der Nudeln etwas geriebene Muskatnuss verwenden.

Schmeckt muffig / alt
- Schinken war nicht mehr frisch (Geruchs- und Geschmacksprobe).
- Von ganzen Schinkenstücken wurde die äußere Rinde verarbeitet.
- Vor Gebrauch die Rinde großzügig entfernen.

Streifen schneiden
- Rollen Sie die Schinkenscheiben auf, dann lassen sie sich gleichmäßig und schnell schneiden.

SPECK

Allgemeines

Speck muss sein! Zumindest in der Pastaküche. Speck ist nicht einfach fett, er ist ein erstklassiger Geschmacksträger, und wem beim Geruch von angebratenem Speck nicht der Mund wässrig wird – der ist im falschen Kapitel.

LARDO DI COLONNATA ist ein mit Meersalz, Gewürzen und Kräuter gewürzter und in Marmorbehältern 6 Monate gelagerter Speck aus der Toscana.

PANCETTA ist die bekannteste italienische Version von Speck, ohne Schwarte, mit Salz, Pfeffer und Gewürzen aromatisiert. Je nach Hersteller und Region kommen Gewürznelken, Zimt, Wacholderbeeren und Muskat dazu. Pancetta wird zwei Wochen luftgetrocknet und dann fest aufgerollt in Därme gepresst. Pancetta wird auch als Aufschnitt verwendet. Ihren delikaten würzigen, leicht süßlichen Geschmack entfaltet sie jedoch erst beim Kochen. Hervorragend geeignet für Gerichte wie Spaghetti carbonara. Als Ersatz wird manchmal geräucherter Schweinebauch genommen, aber der ist in diesem Fall wirklich nur Ersatz.

- Speck ca. 12 Std. vor Gebrauch aus der Packung nehmen und offen an einem kühlen Platz lagern (5 bis 15 °C).

- *Schmeckt gummiartig*
- Der Speck war nicht abgehangen und feucht.
- Der Speck wurde in Butter oder Margarine gebraten.
- Pfanne vorheizen, wenig Öl zugeben und Speckstreifen bei hoher Temperatur ohne Deckel rasch anbraten.

- *Schmeckt muffig / alt*
- Schinken

Verfeinern

- Auf 150 g Räucherspeck 50 g gewürfelten, gekochten Schinken in Olivenöl knusprig braten und zufügen. Das macht die Sauce gehaltvoller.

- *Zu fettig*
- Es wurde fetter Speck / grüner Speck verwendet.
- Es wurde zuviel Öl zum Anbraten verwendet.

WURST

Allgemeines

Italienische Würste sind sehr würzig und werden aus hochwertigen Zutaten wie Schweinefleisch, Speck, Rindfleisch und Wildfleisch hergestellt. Für Sugos, Ragouts und Eintöpfe sind kompakte Würste, deren Fleisch- und Fettanteil ausgewogen ist, geeignet. Ziehen Sie die Haut vor dem Kochen ab, die Würste behalten ihre Form.

Geeignete Sorten sind alle italienischen Salamiarten und andere Koch- und Rohwürste.

CACCIATORE aus Schwein und Rind mit einer Mischung aus Knoblauch und Gewürzen.Es gibt milde und scharfe Sorten. Zum Kochen eignet sich scharfe Cacciatore.

CHORIZO ist eine Hartwurst aus Spanien, sehr würzig, grobkörnig aus einer Mischung von Schweinefleisch, Speck, Knoblauch, Paprika, Piment und anderen Gewürzen. Die weniger fetten Sorten eignen sich als Einlage für Suppen und Eintöpfe. Sie lassen sich gut mit anderen Beigaben wie Fleisch, Geflügel, Gemüse usw. kombinieren. Als Ersatz eignen sich italienische Hartsalami und andere, mit Knoblauch gewürzte Hartwurstsorten.

COPPA wird aus geräucherter Schweineschulter hergestellt, wie Salami gerollt und im Naturdarm verkauft. Coppa ist fetter als Prosciutto.

COTECHINO ist eine dicke Schweinskochwurst im Naturdarm aus mittelfein gehackten Fleisch- und Schwartenstücken, mit Salz und Pfeffer gewürzt und durch das Trocknen im Holzofen leicht vorgegart.

FINOCCHIONA TOSCANA ist eine Salami aus Schweinefleisch, mit Fenchelsamen gewürzt, scharf oder mild.

MAILÄNDER SALAMI besteht aus magerem Rind- und Schweinefleisch sowie Schweinefett, mit Pfeffer, Knoblauch und Wein gewürzt.

MORTADELLA ist eine mit Speckstreifen durchzogene, mit gefüllten Oliven, Pistazien, Pfefferkörnern und anderen Gewürzen aromatisierte Wurst, die bis zu 40 cm Durchmesser haben kann. Klein gehackt passt sie gut als Füllung für Tortellini.

PEPERONE ist eine stark gepfefferte Trockenwurst aus Rinder- und Schweinehack mit Fenchel und anderen Gewürzen und passt gut in Pastasaucen.

SALAMI werden meist nach ihrem Herstellungsort benannt, die Grundzutaten sind Schweinehack, Kräuter und Gewürze.

- Salami nicht zu lange mitkochen, sonst tritt zuviel Fett aus und die Wurst schmeckt trocken und zäh.

- Wursthaut lässt sich nur schwer abziehen.
- Tuch mit heißem Wasser tränken, ausdrücken, Wurst einwickeln und ca. 1 Std. ziehen lassen.

Saucen verfeinern

- wenn Sie Zwiebel für deftige Wurstgerichte anbraten, braten Sie einen Esslöffel gewürfelte Pancetta mit an.

- *Zu fett*
- Die Wurst war zu fett und / oder es wurde zum Braten zu viel Fett verwendet.
- Die Wurst anbraten, etwa die Hälfte des Fetts abgießen, dann im Rezept fortfahren.

- *Zu scharf*
- Sie haben die Würzkraft der Wurst unterschätzt. Auch wenn das Probierscheibchen zum Kosten nicht zu scharf war. Italienische Würste entfalten ihr Feuer durch Erhitzen in Verbindung mit der Pasta.

(1) Cacciatore
(2) Bianata Romana (Römische Salami)
(3) Mailänder Salami
(4) Salami aus Kalabrien
(5) Mortadella
(6) Coppa

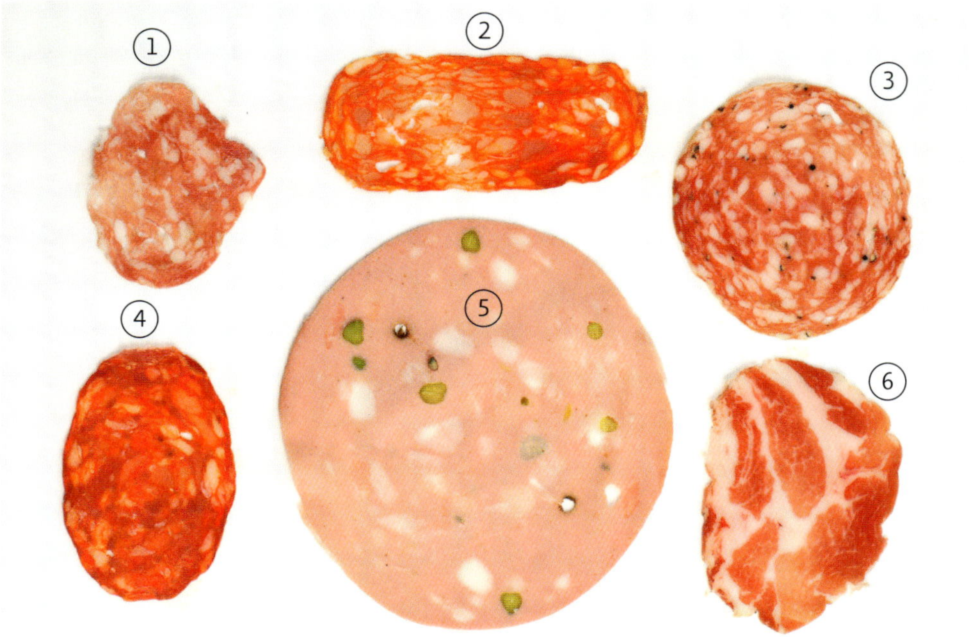

- Kein Wasser trinken, das verteilt die Schärfe erst recht. Brot essen und der Sauce passierte erwärmte Tomaten zufügen. Wenn Sie Zeit haben, teilen Sie das Gericht, bereiten es nochmals ohne Wurst zu und fügen jeweils die Hälfte des Feuertopfs bei.

Zu trocken / zäh
- Die Wurst wurde zu stark ausgebraten und ist trocken und zäh geworden.
- Braten Sie die Wurstscheiben in einer Pfanne so an, dass diese noch Saft haben und geben Sie die Wurst nach der Hälfte der Garzeit in die Sauce. Das können Sie vorbereiten und dann das ausgebratene Wurstfett zum Anbraten von Knoblauch, Zwiebeln usw. verwenden.

Und ein Wurstrezept wollen wir doch angeben, schon wegen der außergewöhnlichen Zutaten:

Weinbrand-Wurst-Makkaroni
Lassen Sie Tomaten (300 g aus der Dose) mit 2 EL Olivenöl bei starker Hitze zu einem dickflüssigen Sugo einkochen. Eine grobe Bratwurst enthäuten und zerkleinern. In 2 EL Olivenöl anbraten, einen kleinen Becher saure Sahne und Tomatensugo zufügen, mit Salz und Pfeffer abschmecken und 3 Gläschen Weinbrand in die Sauce rühren. Kurze Makkaroni bissfest kochen, abgießen und in eine vorgewärmte Schüssel geben. Mit der Sauce vermischen, mit Parmesan bestreuen und sofort servieren.

Gemüse, Nüsse und Pilze

Gemüse

Allgemeines
Pasta immer mit knapp vorgegartem, blanchiertem oder fertigem und bereits abgeschmecktem Gemüse mischen. Tiefkühlware 24 Std. vor Gebrauch in einem abgedeckten Behälter im Kühlschrank auftauen lassen.

Andünsten
- Vorgewürzt in Butter oder Öl andünsten.
- Gemüse mit Kräuterbutter verfeinern.
- In wenig gut gewürzter Fleischbrühe andünsten.

Schmeckt fade
- Gemüse war zu wenig gewürzt.
- Gewürze wie Thymian, Oregano aber auch wenig Pesto mit Zwiebel und Knoblauch in Butter oder Olivenöl anschwitzen.
- Gemüse war zu wässrig.
- Gut abtropfen lassen, bei Bedarf mit Küchenkrepp abtupfen.

GEMÜSE IN SAHNESAUCEN

Geronnen
- Die Sahne wurde aus dem Kühlschrank direkt unter das Gemüse gemischt.
- 200 g Sahne (1 Becher) mit 1 Msp. Speisestärke verrühren und dann zufügen.
- Die Sahne wurde unter das fertige, nicht mehr kochende Gemüse gerührt.
- Gemüse anbraten, würzen, Sahne zufügen und mit dünsten.

Zu dickflüssig
- Zu viel Speisestärke in der Sahne.
- Mit Milch strecken.

ARTISCHOCKENHERZEN

Artischockenherzen, frisch, im Glas oder aus der Dose, schmecken sehr gut mit schwarzen, gehackten Oliven in einer Sauce aus ➔ Ricotta. Rechnen Sie für ein Pastagericht 5 frische Artischockenherzen pro Person.

AUBERGINEN

Abziehen

- Backofen auf 180 °C vorheizen. Auberginen einzeln in einen Bratschlauch geben und verschließen. Nach 10 Min. entnehmen, in eine Schüssel mit kaltem Wasser legen und die Haut abziehen (siehe Abbildung).

Schmecken fade

- ➔ Allgemeines
- Aubergine schälen, in Scheiben schneiden, beidseitig leicht salzen, Scheiben dachziegelartig aufeinander setzen, abgedeckt ca. 1 Std. im Kühlschrank ziehen lassen und auf diese Weise entwässern.

Verfeinern

- Den gedünsteten Auberginen gehackte, grüne Oliven zufügen und die Sauce mit Zitronensaft, Salz und Pfeffer abschmecken.

BORLOTTIBOHNEN

Borlottibohnen erkennt man an ihren ovalen, mittelgroßen rötlich gemaserten Kernen. Sie haben einen nussartigen Geschmack und eine cremige Konsistenz. Borlottibohnen gibt es im Frühjahr und Sommer frisch, sonst als Trocken- oder Dosenware. Sie eignen sich für Suppen, Pürees, Salate und für den klassischen italienischen Eintopf »Pasta e fagioli«.

BROCCOLI

Broccoliröschen in kochendem Salzwasser blanchieren

Broccoli mit einem Schaumlöffel in Eiswasser abschrecken

Allgemeines
Frischer Broccoli hat eine dunkelgrüne Farbe und fest geschlossene Köpfe. Die Schnittstelle ist noch saftig und nicht verholzt. Ältere Ware zeigt an der Oberseite gelbliche Verfärbungen. Gebrauchsfähig sind die geschälten Stiele bis ca. 3–4 cm unterhalb des Kopfes.

- ? *Grau*
- ! Blanchierter Broccoli wurde nicht gleich verarbeitet und / oder falsch gelagert.
- ✪ Benötigte Menge frisch blanchieren und verarbeiten. Reste nach dem Auskühlen in verschließbarem Behälter max. 24 Std. im Kühlschrank lagern.
- ! Wurde nach dem Blanchieren nicht abgeschreckt.
- ✪ Mit Crash-Eis oder Kaltwasser abschrecken und abtropfen lassen.
- ! Tiefkühlware wurde bei Küchentemperatur zu lange aufgetaut und / oder in der Packung belassen.
- ✪ Zum Auftauen aus der Packung nehmen, in verschließbaren Behälter umfüllen. Bereits am Vortag zum Auftauen in den Kühlschrank stellen.

- ? *Säuerlich*
- ! Blanchierter Broccoli wurde zu lange gelagert.
- ✪ › grau

- ? *Schmeckt fade*
- ! Blanchierwasser war nicht gesalzen und / oder wurde bei der Weiterverarbeitung nicht gewürzt.
- ✪ Zwiebelwürfel in Butter anschwitzen, Gemüse zugeben, mit Salz, Pfeffer und wenig Muskatnuss würzen.
- ✪ Die Sauce mit Blauschimmelkäse / Gorgonzola würzen.

- ? *Verkocht*
- ! Wurde zu lange blanchiert.
- ✪ Nach Aufkochen des Salzwassers je nach Größe der Röschen 2 bis 5 Min. blanchieren.
- ! Wurde nach dem Blanchieren nicht sofort abgeschreckt .
- ✪ Topfinhalt auf ein Sieb gießen, Topf mit kaltem Wasser füllen und Gemüse zufügen.
- ✪ Bei größeren Mengen Sieb auf den Topf setzen und ca. 5 Min. zusätzlich kaltes Wasser zulaufen lassen.
- ✪ Nach dem Abgießen Gemüse mit Crash-Eis mischen.
- ! Wurde zu lange gedünstet.
- ✪ › grau

ERBSEN

- ? *Noch hart*
- ! Zu kurz blanchiert.
- ✪ Dem Blanchierwasser je halbem Liter 1 Msp. Haushaltsnatron zufügen.

GEMÜSEMISCHUNGEN

Allgemeines
Gemüsemischung komplett vorbereiten und abschmecken. Dabei auf spezielle Garzeiten einzelner Gemüse und Reihenfolge in der Zugabe achten, z. B. zuerst Zwiebel anschwitzen, dann Sellerie, dann Paprikawürfel, dann Zucchini, dann Tomaten.

Angießen
Mit angewärmter Brühe oder Wein. Statt Wasser Mineralwasser verwenden.

- ? *Schmeckt bitter*
- ! Es wurden frische Kräuter in heißem Öl angebraten.
- ! Die Kräuter wurden im Mixer zerkleinert.
- ✪ Frische Kräuter waschen, trocken tupfen, mit dem Messer hacken und erst zum Schluss zufügen, unterrühren und im heißen Gemüse ca. 10 – 15 Min. ziehen lassen.

- ? *Schmeckt fade*
- ✪ Getrocknete Kräuter und Knoblauch gleich in Butter mit andüsten. Frische Kräuter kurz

vor Ende der Garzeit zufügen. Mit Salz und Pfeffer abschmecken. Lorbeerblatt mitkochen und später entfernen.
- Gemüse in wenig trockenem Weißwein andünsten.

Gemüsesauce mit Pasta
Eine Frage des persönlichen Geschmacks. Klassisch ist die folgende Version: 1 Aubergine, 3 Zucchini, 1 Zwiebel und 1 Knoblauchzehe würfeln. 500 g Tomaten abziehen, ausdrücken und zerkleinern. 150 g geräucherten Pancetta / Bauchspeck würfeln, in einer Öl-Buttermischung anbraten. Zwiebelwürfel glasig werden lassen, Knoblauch zufügen und mit Salz und Pfeffer abschmecken. Gemüse zufügen und knapp garen. Dann die Tomaten zufügen. Vor dem Servieren abschmecken und mit Basilikumblättchen bestreuen.

KAISERSCHOTEN / ZUCKERERBSEN

Vorbereiten
Schoten waschen, Fäden entfernen, schräg in Rauten schneiden und leicht gewürzt in Butter andünsten.
- Gemüse, Allgemeines
- Zuckererbsen mit Sahnesauce: Zur Sauce 2 EL gehackte, leicht angeröstete Walnüsse geben.

KNOBLAUCH

Allgemeines
Erntefrischer, junger Knoblauch hat einen feineren Geschmack als der bereits zu Zöpfen gebundene, getrocknete.

Schmeckt bitter
- Wurde maschinell zerkleinert.
- Knoblauch mit einem scharfen, nicht zu kleinen Messer schneiden und / oder hacken.
- Es wurde Knoblauchgranulat verwendet.
- Knoblauch hatte bereits ausgetrieben.

Knoblauch mit Öl / aglio, olio, peperoncino
Ein Klassiker der Pastaküche: Spaghetti mit Knoblauch, Olivenöl und Peperoncini. Scharf und nachhaltig.

1 Knoblauch zuerst in Scheiben schneiden.

2 Knoblauchscheiben würfeln

3 Die Samen aus den Peperoncini entfernen

Schmeckt bitter
- Knoblauch wurde in zu heißem Öl zu schnell angebraten.
- Knoblauch in einer Mischung aus wenig Olivenöl und Butter eher dünsten als braten.

Schmeckt fade
- Ungewürzt in neutralem Öl gebraten.
- Knoblauch vor Zugabe der Nudeln mit Salz und frisch gemahlenem Pfeffer würzen.
- Anstelle von Pfeffer Chilipulver oder Peperoncino verwenden.

Zu fettig
- Es wurde zuviel Öl verwendet und / oder die Nudeln waren nicht richtig heiß.
- Knoblauch in wenig Butter / Ölmischung andünsten und würzen. Nach Zugabe der heißen Nudeln mit Salz und Olivenöl nachwürzen.

Zu scharf
- Es wurden zu viele Peperoncini verwendet und / oder nach der Zugabe noch weiter gebraten.
- Knoblauch mit fein gewürfelter Tomate und 1 Prise Zucker mischen.

KÜRBIS

Verwenden Sie Garten- oder Winterkürbis. Kürbis schälen, Kerne entfernen und das Fleisch fein würfeln. In einer Gemüsebrühe mit einer Prise Muskat ca. 8 Minuten garen, zum Schluss Sahne zufügen.
- Fügen Sie der Sahnesauce eine Prise Zimt zu.

PAPRIKA / PEPERONI

Paprika allein oder in Verbindung mit anderen Gemüsesorten ist eine gute Grundlage für viele Pastagerichte.

Aufbewahren
Locker in ein leicht feuchtes Tuch eingeschlagen im Kühlschrank (Gemüsefach) ca. 3 Tage.

Enthäuten
Paprika in große, flache Stücke teilen und die Samen und Rippen entfernen. Mit der Hautseite nach oben unter den heißen Grill legen oder im Backofen rösten, bis die Haut schwarz wird und Blasen wirft. Mit einem feuchten Küchenhandtuch abdecken und die Haut abziehen, sobald die Paprika leicht abgekühlt sind.
- Gehäutete Paprikaschoten sind bekömmlicher.

Füllen
Hier kommt das Gemüse nicht in die Pasta, sondern die Pasta in das Gemüse. Dafür eignen sich perfekt Reste von Fleischsaucen, die aber nicht zu flüssig sein dürfen. Reisnudeln al dente kochen, nicht abbrausen, gut abtropfen lassen und unter die Füllung mischen. In die Paprikahälften füllen und im Ofen überbacken.

SPARGEL / GRÜNER SPARGEL

Grüner Spargel mit Tortelloni ist eine Delikatesse. Dafür sollten unbedingt frische Tortelloni verwendet werden, selbst hergestellt oder von der Frischtheke.

- Den Spargel putzen und das untere Drittel schälen. In kochendem Salzwasser höchstens 2 Minuten blanchieren, mit kaltem Wasser abschrecken und abtropfen lassen.
  Kräuterbutter herstellen: Blätter von einem Bund Petersilie, 2 Zweigen Minze (unbedingt), 4–6 Salbeiblättchen fein hacken, 100 g Butter schaumig rühren, Kräuter zufügen, mit Salz, Pfeffer und wenig Zitronensaft würzen.
  Spargel in Butter mit einer gehackten Knoblauchzehe bei milder Hitze anbraten und salzen.
  Die Tortelloni nach Vorschrift garen, abtropfen lassen und in der Kräuterbutter schwenken. Mit dem gebratenen Spargel servieren und mit Pinienkernen bestreuen.

Grüner Spargel mit Trüffel
Hierfür werden nur die Spargelspitzen in Salzwasser blanchiert. Trüffel in 3 mm dicke Scheiben schneiden und in Butter bei milder Hitze andünsten, leicht salzen und pfeffern. Spargelspitzen zufügen und mit der Pasta vermischen.

SPINAT

Allgemeines

Am besten ist frischer Blattspinat. Für 4 Portionen benötigt man ca. 400 bis 500 g Rohgewicht. Spinat kurz, ca. 2–3 Minuten, in Salzwasser blanchieren, abgießen und die Blätter mit reichlich kaltem Wasser abbrausen, dabei häufig wenden und anschließend gut abtropfen lassen.

- In ein Küchentuch geben und vorsichtig pressen.
- Wenn es schnell gehen soll, Tiefkühlspinat verwenden. Die halbe Menge Tiefkühlspinat entspricht der angegebenen Menge an Frischware.

Einfrieren

Gefrierschrank 1 Std. vorher auf Schnellgefrierstufe schalten. Spinat nach dem Blanchieren kurz pressen und in verschließbare Behälter portionieren. Nach 2 Std. Gerät auf Normalbetrieb zurückschalten

Schmeckt fade
- Zu nass verarbeitet.
- Allgemeines (s. o.)
- Zu wenig gewürzt.
- Zwiebelwürfel in Butter andünsten, 1 EL gehackte Kapern und 1 TL Sardellenpaste mit Spinat vermischen, abschmecken und zufügen. Mit wenig Brühe aufgießen und gardünsten.

Spinatsauce

Saucen, Seite 55

TOMATEN

Allgemeines

Frische und einwandfreie Tomaten sind fest, haben keine vernarbten Risse und geben bis zu 48 Std. nach der Ernte ein natürliches Gas, Äthylen, ab. Leider sind aromatische Tomaten nicht die Regel, deshalb empfehlen wir hier die Dosen- oder Päckchenware. Dafür werden ausgereifte Tomaten verwendet, die sofort nach der Ernte verarbeitet wurden. Dosenware gibt es als ganze, geschälte Früchte oder schon zerkleinert als Pizzatomaten.

Häuten

1 Mit einem spitzen Messer den Fruchtansatz der Tomaten ausschneiden.

2 Tomaten in kochendes Wasser tauchen, in kaltem Eiswasser abschrecken; abziehen.

- Tomaten vom Strunk befreien, auf der Unterseite kreuzweise einritzen, in kochendem Wasser ca. 2–3 Min. blanchieren, gründlich in Eiswasser abschrecken und die Haut abziehen.

- *Schmecken fade*
- Tomaten brauchen Zucker, um ihren Geschmack voll zu entfalten. Zucker oder Puderzucker in Öl karamellisieren lassen, dann die anderen Zutaten beigeben.
- Fertige Gerichte mit einer Prise Puderzucker, der sich leichter auflöst, abschmecken.

- *Zu wässerig*
- Tomaten wurden im Ganzen, nicht ausgedrückt, verwendet.
- Tomaten quer zur Wuchsrichtung halbieren und Kerngehäuse mit einem Teelöffel entfernen.

Tomaten, getrocknet
Dafür werden vollreife Flaschentomaten (San Marzano) verwendet, die durch die Trocknung ihr Aroma bewahren. Es gibt sie als Trockenware oder in Öl eingelegt.

Einlegen
Getrocknete Tomaten (oft gesalzene Tütenware) nach kurzem Blanchieren in kochendem Wasser auf einem Sieb abtropfen lassen und lauwarm in Olivenöl einlegen. Mit Basilikum, Rosmarin und Knoblauch aromatisieren.
- Klein schneiden und mit etwas Würzöl und der gegarten Pasta vermischen.
- Gut durchgezogenes Tomatenöl zum Anbraten und als Würzöl verwenden. Tomaten dann mit Olivenöl aufgießen, bis sie bedeckt sind.

Tomatenmark
Tomatenmark als Gewürz verwenden. Es besitzt einen intensiven säuerlichen Geschmack und verleiht Gerichten eine Tomatennote.

- *Schmeckt bitter*
- Tomatenmark wurde zu stark angebraten oder ist angebrannt.
- Erst Zwiebeln anbraten und Tomatenmark nur kurz mitdünsten.

Ketchup
Ketchup wird hauptsächlich aus doppelt konzentriertem Tomatenmark hergestellt. Unterschätzen Sie erstklassigen Ketchup nicht. Billige Sorten enthalten oftmals Äpfel als Beimischung.
- Um den Tomatengeschmack in den Gerichten hervorzuheben, fügen Sie kurz vor dem Servieren einen Schuss Ketchup zu.

ZUCCHINI

Allgemeines
500 g Rohgewicht reichen für 4 Portionen. Vor Gebrauch gründlich waschen und sofort mit Küchenkrepp trocknen. Frische Zucchini sind fest und dürfen keine Flecken haben.

- *Schmecken fade*
- Es wurde zu wenig gewürzt.
- Aubergine, Seite 36

Verfeinern
Gebratene Basilikumblätter passen hervorragend zu Zucchini. Braten Sie die Blätter in einer kleinen Pfanne portionsweise 1 Minute in Olivenöl knusprig. Aus der Pfanne heben und auf Küchenkrepp abtropfen lassen. Das fertige Gericht damit garnieren.
- Die Basilikumblätter können bis zu 2 Stunden vorher zubereitet werden. Nach dem Auskühlen in einer luftdichten Dose aufbewahren.

- *Zu weich*
- Die Zucchini wurden zu lange gedünstet.
- Zucchini offen in einer Pfanne rasch anbraten, würzen, dann erst Zwiebel zufügen, Herdplatte zurückschalten und auf kleiner Flamme ca. 10 Min. dünsten.

- Zucchini gröber schneiden.
- Zucchini auf einer Gemüseraffel stifteln, bei hoher Temperatur rasch anbraten. Dabei nicht zu viel Gemüse auf einmal in die Pfanne geben, da sonst das Gemüse zu kochen beginnt.
- Die Zucchini waren nicht mehr frisch.
- Das Gemüse wurde nach Beendigung des Garvorgangs zu lange abgedeckt warm gestellt.
- Offen im Backofen bei 70 °C max. 15 Min. warm stellen.

Nüsse

Allgemeines

Nüsse bzw. Nusskerne wie Pinienkerne oder Pistazien in einer trockenen Pfanne leicht rösten und erst unmittelbar vor dem Anrichten untermischen, bzw. darüber streuen.

- *Schmecken bitter*
- Die Nüsse waren faulig.
- Die Nüsse waren zu alt, es wurden weihnachtliche Restbestände verarbeitet.
- Verfallsdatum beachten und vor der Verwendung probieren.

- *Schwarz geworden*
- Die Nüsse wurden zu lange und / oder bei zu hoher Temperatur geröstet.
- Nüsse langsam bei mittlerer Temperatur unter häufigem Wenden rösten.
- Die Pfanne war zu heiß.
- Pfanne nur leicht vorwärmen.
- Die Nüsse sind in der Pfanne verblieben. Die Restwärme der Pfanne hat die Nüsse schwarz werden lassen.

Nussbutter

Hat nichts mit Nüssen zu tun. Butter wird so lange erhitzt, bis sie ein appetitliches Haselnussbraun erreicht (geklärte Butter). Passt wunderbar zu frischer Pasta.

Nuss-Saucen

- Saucen

Pilze

Allgemeines

Pilze finden sich in den Küchen des Westens und des Ostens, sie sind eine perfekte Ergänzung zu Pasta. Es müssen nicht immer italienische Trüffel sein, aber erstklassige, frische Ware ist die Voraussetzung für ein gutes Ergebnis.

- Eine gute Basis ist: Pilze putzen und in feine Scheiben schneiden. Butter zerlassen und die Pilze bei mittlerer Hitze andünsten. Abgeriebene Schale einer kleinen, ungespritzten Zitrone, 1 zerdrückte Knoblauchzehe und 3 EL frisch geriebenen Parmesan zufügen. Mit Salz, Pfeffer und einer Prise Muskat abschmecken und die Sauce ca. 3 Minuten kochen.
- Etwas luftgetrockneten Speck mitbraten.
- Mit Weißwein ablöschen.

Blanchieren

- Champignons, Fond herstellen, Seite 44.

Säubern/waschen

Kleine Mengen mit einem Messer säubern, dann mit feuchtem Küchenkrepp abtupfen. Große Mengen Pilze, besonders Wiesenchampignons und Pfifferlinge, gründlich verlesen, Erdreste mit einem kleinen Messer entfernen und die Pilze mit einem feuchten Tuch oder Küchenkrepp abwischen. Bei starker Verschmutzung die Pilze kurz mit kaltem Wasser überbrausen, auf Küchenkrepp trocknen und sofort weiter verarbeiten. Pilze auf keinen Fall lange im Wasser liegen lassen, sie werden wässrig und verlieren Geschmack

- Aus ca. 1/2 Liter kaltem Wasser (bei 500 g Pilzen), 1 EL Mehl und Saft einer Zitrone eine »Schlemme« rühren. Pilze zugeben, kurz verrühren, eine Minute stehen lassen, sofort auf einem Sieb abgießen, kalt abbrausen und auf Küchenkrepp trocknen.

- *Schmecken fade*
- Pilzanteil im Gericht war zu gering.
- Für 250 g Nudeln (Rohgewicht) benötigt man ca. 500g Pilze (Frischgewicht).
- Gemischte Pilze verwenden.

- *Schmecken leicht bitter*
- Die Pilze waren nicht mehr frisch.

Verfeinern
Mit Kalbfleisch- oder Pilzfond angießen.
Champignons, Fond herstellen, Seite 44.

- *Zäh*
- Pilze waren nicht mehr frisch.
- Pilze müssen hell, nicht braun sein, dürfen keine schmierige Oberfläche haben und die Lamellen an der Unterseite des Pilzkopfes müssen geschlossen sein.
- Pilze wurden nach dem Waschen nicht trocken getupft und weiter verarbeitet.
- Nach dem Waschen mit Küchenkrepp trocknen.
- Pilze wurden zu langsam und / oder bei zu geringer Temperatur gebraten.
- In wenig Öl oder Butterschmalz bei hoher Temperatur rasch anbraten.

Zu trocken
- Die angebratenen Pilze wurden mit kalten Nudeln vermischt und zu lange gebraten.
- Herdplatte mit Pilzpfanne hoch schalten, erwärmte Pilze zufügen und rasch unter häufigem Wenden oder Schwenken gut durchmischen.
- Nudeln waren vom Vortag und / oder wurden kalt verwendet.
- Erwärmen, Würzwasser , Seite 14.
- Pilze wurden bei zu hoher Temperatur in Öl gebraten.
- Statt Öl Butterschmalz / Bratbutter verwenden.

Trockenware
Pilze in lauwarmem Wasser einweichen und dann unbedingt säubern. Pilze ausdrücken und in Stücke schneiden. Zwiebelwürfel in Öl andünsten, Pilze zufügen und köcheln lassen. Durch das Trocknen wird das Aroma noch intensiver, besonders bei Spitzmorcheln und Steinpilzen.

AUSTERNPILZE

- *Schmecken fade*
- Allgemeines, Seite 42.
- Ein Viertel der Austernpilze durch frische Egerlinge oder Champignons ersetzen.

CHAMPIGNONS / EGERLINGE

Der milde Geschmack von Champignons macht sie vielseitig verwendbar. Sie verleihen Saucen und Füllungen Geschmack. Junge, kleine Champignons mit geschlossenen Hüten passen gut für Sahnesaucen. Reifere Champignons haben einen leicht geöffneten Hut und dunklere, auffällige Lamellen. Sie passen gut zu deftigen Gerichten. In Rotwein gedünstet oder in Butter geschwenkt, ergeben sie aromatische, kräftige Saucen.

Blanchieren / Fond herstellen

60 g Butter schmelzen, den Saft von 1–2 Zitronen zufügen und aufkochen. 500 g gesäuberte Pilze zufügen und abgedeckt auf kleiner Flamme ca. 15 Min. köcheln lassen. Pilze über ein Sieb abgießen, Fond auffangen und aufkochen.

Die Pilze können vorbereitet und bis zu 24 Stunden vorher blanchiert werden. Blanchierte Pilze im Fond auskühlen lassen und in gut verschlossenem Behälter im Kühlschrank aufbewahren.

HALLIMASCH

Hallimasch, in Öl mit Knoblauchzehen angedünstet und geschmort, schmecken wunderbar zu Spaghetti.

Schmecken bitter

Hallimasch gut säubern und einen großen Teil der Stiele wegschneiden, da diese oft hart sind.
Die Pilze für einige Minuten in kochendes Wasser geben, dann verlieren sie den leicht bitteren Geschmack.

MORCHELN / SPITZMORCHELN

Dieser Pilz hat Duft, Aroma und Geschmack. Obwohl er zu den teueren Pilzen zählt, sollten Sie ab und zu Morcheln in die Pastasauce geben. Hier entfaltet auch die Trockenware ein wunderbares Aroma.

Allgemeines, Trockenware, Seite 43.

Geben Sie einen Esslöffel Marsala an die Sauce.

PFIFFERLINGE

Verwenden Sie Pfifferlinge möglichst frisch, in der Saison von Juni bis Oktober.

Schmecken fade

Austernpilze, Seite 42.

STEINPILZE

Frische Pilze haben eine helle Färbung, sind fest, haben eine trockene Kappe und an der Unterseite geschlossene Lamellen.

Mit dem Daumen über die Kappe fahren. Sind die Pilze älter als 2–3 Tage, bildet sich dort ein leichter Schmierfilm. Haben die Stiele braune Flecken, sind die Pilze älter als 5 Tage und sollten nicht mehr verzehrt werden.

Schmecken leicht bitter

Die verwendeten Pilze waren nicht mehr frisch.

Allgemeines, Seite 43.

Schmecken fade

Allgemeines und Austernpilze

Für die Zubereitung spezielles Steinpilzöl und / oder getrocknete und gemahlene Steinpilze verwenden.

TRÜFFEL

Allgemeines

Schwarze und weiße Trüffel: Schon einige Scheibchen entfalten, auf frische Pasta gehobelt, ihr unbeschreibliches Aroma. Welcher Trüffel der beste ist, darüber lässt sich trefflich streiten. Die Auswahl ist aber auch eine Frage des Geldbeutels.

Weißer Trüffel wächst im Piemont. Die unregelmäßig kugelförmigen Pilze sind außen glatt, weiß bis ockerfarben und haben marmoriertes, helles bis bräunliches Fleisch. Weißer Trüffel wird grundsätzlich roh verwendet und nicht erhitzt.

- Über frische Pasta hobeln.

Schwarzer Trüffel wächst in Umbrien. Trüffel aus Norcia sind etwa apfelgroß, haben eine schwarze, mit flachen Warzen überzogene Haut und schwarzviolettes, von hellen feinen Adern durchzogenes Fleisch und einen typischen Nussgeschmack.

Der französische schwarze Trüffel aus dem Périgord ist rundlich, schwarzbraun und mit kleinen Warzen bedeckt. Das dunkle Fleisch ist von weißen Adern durchzogen. Der überwiegende Teil der französischen Trüffelernte stammt inzwischen aus dem provenzalischen Carpentras.

- Der Schwarze Trüffel wird in Saucen und als Füllung für Pasta verwendet.
  Das beste Aroma haben Trüffel in der Zeit zwischen Dezember und etwa Mitte März.
- Grüner Spargel mit Trüffel, Seite 40.

Sommertrüffel sind nicht ganz so aromatisch, dafür sind sie preisgünstiger. Andererseits benötigt man mehr davon. Sie haben eine schwarze, warzige Haut und sind innen hell, mit grauweißen Adern durchzogen.

Aufbewahren

Weiße Trüffeln abgedeckt oder einzeln, in ein sauberes Baumwolltuch oder Küchenkrepp eingewickelt, in einer luftdichten Dose im Gemüsefach des Kühlschranks (nicht länger als eine Woche). Schwarze Trüffeln können mit Reiskörnern in einem gut schließenden Behälter aufbewahrt werden. Pilze alle 2 bis 3 Tage kontrollieren.

Einkaufen

Frische Trüffeln sind trocken, fest und duften. Vorsicht, Trüffel können madig sein. Lassen Sie sich den Trüffel im Zweifel aufschneiden.

Konservieren

Die gesäuberten und geschälten Trüffeln in einen kleinen Topf geben, mit Madeira oder Weinbrand aufgießen und zugedeckt je nach Menge 30 bis 60 Minuten garen.

Die Trüffeln in ein Glas füllen, mit dem Sud aufgießen. Im Kühlschrank ca. zwei Monate haltbar.

Preiswerter

- Fertige Trüffelbutter aus dem Glas zusammen mit derselben Menge Molkereibutter in der Pfanne schmelzen. Ca. 6–8 fein gehackte, schwarze Oliven zufügen. Gut abgetropfte und mit etwas Salz vorgewürzte Nudeln untermischen und bei hoher Temperatur rasch durchschwenken. Trüffelöl, selbstgemacht, S. 46, und Trüffelpesto, S. 55.
- Trüffelöle und Trüffelessenzen etc. werden im Handel angeboten.

Säubern

Sandige Erdreste erst kurz vor der Zubereitung mit einer weichen Bürste vorsichtig entfernen.

- *Schmecken fade*
- Nudeln waren nicht richtig heiß.
- Gründlich abgetropfte Pasta sofort mit Trüffeln mischen und anrichten.

- ⓘ Trüffel war zu grob.
- ✪ Trüffel mit einem Trüffelhobel aufraspeln und untermischen.
- ✪ Trüffel mit dem Messer klein schneiden, mit einer Gabel zerdrücken, in aufschäumender Butter kurz anschwenken, wenig salzen und mit Pasta vermischt auf vorgewärmten Tellern sofort servieren.
- ⓘ Trüffelmenge war zu gering.
- ✪ Für 4 Portionen benötigt man 12–15 g Trüffeln
- ⓘ Nudeln hatten zu wenig Eigengeschmack.
- ✪ Heiße Nudeln mit Salz und Trüffelöl vorwürzen.
- ⓘ Nudeln waren zu nass.
- ✪ Abtropfen, Seite 18.
- ⓘ Trüffel war zu kalt.
- ✪ 1 Std. vor Gebrauch aus dem Kühlschrank nehmen und bei Küchentemperatur lagern.

Schmecken sandig

- ⓘ Trüffel waren nicht oder falsch gereinigt.
- ✪ Säubern

Trüffelabschnitte weiter verwerten

Trüffelpesto, Seite 55, Trüffelöl, s. u..

Trocken

- ⓘ Nudeln waren vom Vortag.
- ✪ Nur frisch gekochte Nudeln verwenden.
- ⓘ Zu wenig Sauce.
- ✪ Eine weiße Grundsauce zubereiten, mit heißen Nudeln mischen und Trüffelraspel unterziehen.

Verfeinern mit Trüffel

- ✪ Frische Trüffel über al dente gegarte Fettucine oder andere Nudelgerichte hobeln.

Trüffelöl, selbstgemacht

- ✪ 5 g frischen Trüffel schneiden, mit einer Gabel zerdrücken, in eine Flasche geben und mit 150 ml neutralem, gutem Speiseöl auffüllen. An einem dunklen Ort bei 10–12 °C eine Woche ziehen lassen. Dabei gelegentlich den Inhalt aufschütteln.

Käse

Allgemeines

Pasta mit Käse kannten schon die alten Römer. Und wer die Auswahl an italienischen Käsetheken kennt, braucht eigentlich keine andere Kombination – für einige Zeit. Wie immer kommt es auf die Qualität an und die findet man eher an der Frische-Theke als plastikverpackt im Regal. Zum Füllen oder Überbacken eignen sich Käsesorten, die nicht zu hart und nicht zu mager sind, wie Frischkäse, Blauschimmelkäse oder halbfeste Schnittkäse.

- ✪ Bei festen Käsesorten lässt sich die Rinde oft nicht mehr verwenden. Kochen Sie diese in der Pastasauce mit, beachten Sie aber, dass die Rinde meistens ziemlich salzig ist.

Folgende Käsesorten passen gut zu Pastagerichten

ASIAGO Es gibt mehrere Sorten Asiago; Relativ frisch, bereits nach 4 Wochen wird er als Schnittkäse verkauft. Nach 3–6 Monaten wird daraus ein würziger Tafelkäse und nach mindestens einem Jahr Reifezeit wird er als Reibekäse angeboten (Herkunft: Venetien).

BEL PAESE weicher Kase mit 50 % Fett und leicht säuerlichem, zarten Geschmack.

CACIOCAVALLO ist fett und wird aus gesäuerter Kuhmilch hergestellt. Er ist ebenso wie der Provolone ein gebrühter Knetkäse mit mildem oder pikantem Aroma.

CRESCENZA ein feinwürziger Käse, den es in verschiedenen Fettstufen gibt. Er verfeinert helle und dunkle Saucen.

EMMENTALER magerer bis vollfetter milder Kuhmilchkäse. Voll ausgereift hat er einen würzig, herzhaften Geschmack.

- ✪ Passt gut zu Pastagerichten mit Gemüse.

(1) Gorgonzola

(2) Mozzarella

(3) Taleggio

(4) Gruyère

(5) Provolone

(6) Parmesan

(7) Pecorino

(8) Emmentaler

(9) Mascarpone

(10) Asiago

FONTINA stammt aus dem Aostatal (nördlich von Turin). Der halbfeste Käse mit würzig-süßlichem Aroma enthält 45 % Fett.
- Wegen seiner leichten Schmelzbarkeit besonders gut für Käsesaucen und zum Überbacken geeignet.

GORGONZOLA ist ein Edelpilzkäse aus Kuhmilch mit würzig scharfem Geschmack in verschiedenen Altersstufen und als Sahnegorgonzola erhältlich.

GRUYÈRE ein fester, würziger, herzhafter Käse, der oft gerieben verwendet wird.

- über die Tomatensauce streuen, zerlaufen lassen und servieren.

MASCARPONE ein sahniger, milder, ungesalzener Rohmilchkäse.
- ergänzend zu Parmesan in die Sauce geben, sie wird dann cremiger.

MONTASIO ein aromatischer Bergkäse mit mindestens 40 % Fett, der über ein Jahr reift.

MOZZARELLA ein milder, leicht säuerlicher Frischkäse, der früher ausschließlich aus Büffelkuhmilch hergestellt wurde. Die Mehrzahl besteht heute jedoch aus reiner Kuhmilch. Bei Mozzarella kommt es sehr stark auf die Qualität an, die ihren Preis wert ist (hoher Fettgehalt).

- Passt auch zu Nudelsalaten.

PARMESAN / PARMIGIANO sicher der bekannteste italienische Käse, der bei uns oft sein Dasein in Plastiktütchen oder Dosen als grieseliges Trockenstreupulver fristet und Pastagerichte ruiniert. Das hat nichts mit dem italienischen Würzkäse der Extraklasse zu tun. Es gibt ihn in verschiedenen Altersstufen. Junger Parmesan, in feine Scheiben gehobelt, und reifer Parmesan, gerieben über Pasta, sind eine Köstlichkeit.

- Bei einem guten Käsestand lässt man Sie probieren. Geben Sie auch an, wofür Sie den Parmigiano benötigen – probieren Sie die anderen Sorten trotzdem. Kaufen Sie eine kleine Auswahl der bevorzugten Sorten und lassen Sie sich den Namen auf die Verpackung schreiben. Testen Sie den Käse und machen Sie sich Notizen. Das lohnt sich!
- Für die Nudelsuppe: 2 Eier mit 3 EL mittelaltem Parmesankäse verrühren. In die Nudelsuppe einrühren und langsam aufkochen lassen.
- Dünne Scheiben von jungem Parmesan über Pasta mit Olivenöl hobeln.

PECORINO wird aus verschiedenen Milchmischungen oder einzelnen Milchsorten hergestellt. Die Käse aus Mittel- und Süditalien unterscheiden sich von denen aus Sardinien und Sizilien. Der Pecorino romano ist ein scharfer, sehr harter Schafskäse aus Sardinien, der meist gerieben verwendet wird. Er reift mindestens 8 Monate und eignet sich sehr gut in Verbindung mit Parmigiano zu Pestosaucen.

- Passt gut zu mexikanischen Nudelgerichten. Zusammen mit Mozzarella für Gemüsegerichte.

PROVOLONE ein fetter Schnittkäse. Jung schmeckt er mild und sahnig. Bei längerer Reifezeit wird er würziger und schärfer und eignet sich gut zum Reiben.

PROVOLA eine geräucherte Art des Provolone.

RICOTTA ein fester Quark aus Schafskäse-Molke, die als Nebenprodukt bei der Produktion von Pecorino und Provolone anfällt. Es gibt verschiedene Sorten von süß bis pikant. Für Nudelgerichte eignet sich am besten Ricotta Piemontese.

- Ricotta durch ein Sieb streichen und über Tomatensauce geben.

ROBIOLA ist der Oberbegriff für unterschiedliche Käse; u.a. wird ein mild-säuerlicher, sahniger Frischkäse, kleine runde gereifte Käse sowie ein vollfetter Schafskäse in Form einer kleinen Torte mit rötlicher Rinde so bezeichnet.

SCARMOZA leicht gereifter, oft auch geräucherter Mozzarella aus den Abruzzen. Eignet sich zum Überbacken und zum Füllen von Cannelloni und Lasagne.

STRACCHINO ein Frischkäse mit festem Teig. Der Geschmack ist mild und fein-säuerlich. Er kommt aus der Lombardei und dem Piemont und ist ein Vorläufer des Gorgonzola.

TALEGGIO ein halbfester Schnittkäse mit vielen Varianten. Er reift zum Teil in Höhlen und entwickelt ein würziges Aroma. Er ist mit dem Stracchino verwandt.

Sauce, Käsesauce

Saucen

Allgemeines

Pasta ohne Sauce ist wie Italien ohne Gesang. Und für jede Stimmlage oder Stimmung gibt es die passende Sauce – ob Volkslied oder große Oper, einfach oder raffiniert. Als Basis eignen sich

Mehlschwitze, die mit einer Brühe oder Fond von Fisch, Geflügel, Kalb oder Rind aufgegossen wird.

Gebundene Brühen oder Fonds: Mischungen aus süßer Sahne und / oder Milch, sowie Speisestärke. 200 g süße Sahne mit 1 Msp Stärke.

Ungebundene Saucen, die aus eingekochten Tomaten mit verschiedenen Zutaten wie Zwiebeln, Knoblauch, Gemüsen, Wein, Brühen und Gewürzen bestehen.

Dickflüssige Sauce

- Bei dickflüssigen Saucen die Pasta nur ganz kurz abtropfen lassen. Die verbleibende Flüssigkeit macht die Sauce cremiger.

- *Schmeckt säuerlich*
  Saucen auf Tomatenbasis brauchen Zucker, um ihren Geschmack voll zu entfalten.
- Zucker oder Puderzucker in Öl karamellisieren lassen, dann die anderen Zutaten zufügen.
- Die fertige Sauce mit einer Prise Puderzucker, der sich leichter auflöst, abschmecken.

Vorbereiten

- Nudelsauce immer vor den Nudeln fertig stellen. Nur wenn die Sauce sehr heiß ist, verbindet sie sich perfekt mit der Pasta.

ARRABBIATA

Eine » grobe« Tomatensauce, die durch Chilischoten / Peperoncini ihre Schärfe erhält.

- *Schmeckt fade*
- Nudeln wurden nass mit der Sauce vermischt.
- Abtropfen (Tricks und Tipps, Seite 18).
- Der Tomatenanteil war zu hoch und / oder zu wenig oder falsch gewürzt.
- Speckwürfel ausbraten, gehackte Zwiebeln und Knoblauch darin anschwitzen. Danach Tomaten, Peperoncini und zuletzt Gewürze wie Oregano oder Basilikum zufügen.
- Es wurden Dosen- oder Pizzatomaten verwendet.
- Dosentomaten separat dicklich einkochen und leicht vorwürzen.

- *Zu sauer*
- Peperoncini waren sauer eingelegt.
- Vor Gebrauch aufschlitzen und 30 Min. in Milch legen, dann mit kaltem Wasser abspülen und verwenden.

- *Zu scharf*
- Es wurden Peperoncini und scharfer Paprika verwendet.
- Vor Gebrauch Geschmacksprobe machen. Schärfe mit wenig Zucker oder Puderzucker abmildern.
- Peperoncini wurden mit den Kernen verarbeitet.
- Schoten aufschlitzen und Kerne mit der Messerspitze ausschaben.

AURORA / CARDINAL

Aurorasauce ist eine mit Sahne vermischte, rosafarbene Tomatensauce oder eine mit Tomatenmark gefärbte weiße Sauce.

- *Geronnen*
- Der nicht mehr heißen Sauce wurde kalte Sahne zugefügt.
- Sahne schnell mit dem Schneebesen unter die kochende Sauce rühren.

BÉCHAMEL

Allgemeines
Eine weiße Basissauce für viele Pastassauce und Gerichte.

50 g Butter schmelzen, unter Rühren 40 g Mehl zufügen, mit 500 ml Milch oder einer Mischung aus Milch und Fleischbrühe aufgießen und mindestens 30 Min. unter Rühren durchkochen. Mit Salz, Pfeffer und etwas Muskat würzen; je nach Verwendungsart noch mit Zitronensaft abschmecken und durch ein Haarsieb passieren.

Schinkensauce frische Schinkenwürfel in der passierten Sauce erwärmen.

Schmeckt angebrannt
Die Sauce wurde mit dem Schneebesen statt mit einem Kochlöffel gerührt. Der Schneebesen allein kommt nicht in alle Bereiche des Topfes.

Schmeckt fade
Es wurde mit Wasser aufgegossen.

Schmeckt wie Kleister
Die Kochzeit war zu kurz.
Weiße Sauce

Zu dickflüssig
Für die Schwitze wurde zu viel Mehl verwendet.
Schwitze aus 100 g Butter oder Margarine, verrührt mit ca. 3 EL Mehl, mit etwa 1 Liter Brühe aufgießen. Ergibt ca. 3/4 Liter fertige Sauce.

Zu dünnflüssig
Es wurde mit zu viel Flüssigkeit aufgegossen.
Aus 1 EL Butter und 1 1/2 EL Mehl einen Teig (Mehlbutter) kneten und diesen in kleinen Stücken der kochenden Sauce zufügen. Die Menge reicht für ca. 1/2 Liter dünne Sauce. Dann nochmals abschmecken.

Zu scharf
Die Brühe zum Aufgießen war zu stark eingekocht / zu konzentriert / zu scharf.
Mit heißer Milch strecken.

BOLOGNESE (RAGOUT)

Schweine- und Rindfleisch durch den Wolf drehen.

Speckwürfel glasig dünsten und Zwiebelwürfel dazugeben.

Allgemeines
Die klassische Bolognese wird aus durchgedrehtem Hack von Schweine- und Rindfleisch hergestellt.

Speckwürfel (original: Pancetta) in Butter glasig dünsten, fein gehackte Zwiebelwürfel, Staudensellerie und Möhren ca. 8. Min. bei niedriger Hitze mitdünsten. Hack zufügen und bröselig bräunen lassen.

Tomaten zum krümelig gebräunten Hackfleisch geben.

Tomaten, Tomatenmark zufügen, mit Flüssigkeit aufgießen (Brühe und Wein) und mindestens eine Stunde köcheln lassen. Das ist die Basis. In Italien wird manchmal eine Mischung aus Schweine- und Rindfleisch, das mit der Hand in kleine Würfel geschnitten wird, dazu gegeben. Mit Salz, Pfeffer und Oregano (oder evtl. Basilikum) würzen. Weitere Zutaten nach Belieben: Klein gehackte Pilze, roher Schinken, Nelken.

- Hackfleisch separat in Öl krümelig anbraten. Zieht weniger Wasser.
- Bei sehr niedriger Hitze abgedeckt 2–5 Stunden köcheln lassen und bei Bedarf mit angewärmter Brühe aufgießen. Je länger die Kochzeit, desto intensiver das Aroma.
- Rotwein kann durch einen Schuss Balsamico-Essig, der mit einer Prise Zucker abgeschmeckt wurde, ersetzt oder ergänzt werden.

Schmeckt fade

- Es fehlen die Gemüse und / oder sie wurden zu kurz angebraten.
- Im heißen Öl Gemüse bei hoher Temperatur rasch anbraten, bis es Farbe angenommen hat, dann nachträglich zufügen.
- Es wurde mit Wasser aufgegossen.
- Fleischbrühe zum Aufgießen verwenden. Notfalls mit Würfelbrühe angießen.
- Kochzeit war zu kurz.
- Bologneses, Allgemeines.

Schmeckt bitter / muffig

- Es wurde zu viel getrocknetes Basilikum verwendet oder das frische Kraut in heißem Öl angebraten.
- Frische Basilikumblättchen zerkleinern und ca. 10 Min. vor Ende der Garzeit zufügen.

Klumpig

- Das Hackfleisch war zu fett.
- zu fettig (s.u.)
- Das Hackfleisch wurde zusammengepresst zugefügt.
- Mit einer Gabel auflockern und portionsweise zugeben oder separat anbraten.
- Es würde zu wenig und / oder unregelmäßig umgerührt.

Verfeinern

- Feingehackte Hühnerleber mitdünsten.
- Steinpilze mitdünsten. An Feiertagen werden in Italien kleine Trüffelwürfel mitgekocht.
- Mit Marsala abschmecken.

Zu dünnflüssig

- Es wurde zu viel Flüssigkeit aufgegossen.
- Die verwendeten Dosentomaten hatten einen zu hohen Flüssigkeitsanteil.
- Die Kochzeit war zu kurz.
- Bolognese, Allgemeines

Zu dickflüssig / zu scharf

- Die Sauce wurde zu lange eingekocht und / oder zu stark gewürzt.
- In kaltem Zustand mit etwas neutraler Fleischbrühe strecken und langsam aufkochen.

Zu fettig

- Das Fleisch hatte einen zu hohen Fettanteil.
- Beim Anbraten wurde zu viel Fett verwendet.
- Sauce nur noch leicht köcheln lassen, in der Mitte der Sauce vorsichtig einen Schöpflöffel eindrücken, der mit einem Sieblöffel abgedeckt wird. So kann sich das Fett im Schöpflöffel sammeln, ohne dass auch Sauce entnommen wird. Weiterer Tipp umseitig.

- Bolognese am Vortag zubereiten und nach dem Auskühlen in den Kühlschrank stellen. Anschließend die gehärtete Fettschicht vorsichtig mit einer Gabel oder einem Esslöffel abnehmen.

CARBONARA

Allgemeines

Eine Sauce aus durchwachsenem Speck und einer Eier-Sahne-Käsemischung.

- *Speck gummiartig*
- Speck war zu feucht / nass.
- Vor Gebrauch Speck aus der Packung nehmen, abgedeckt (nicht im verschlossenen Behälter) über Nacht im Kühlschrank lagern.
- Speck frisch beim Metzger / Fleischer kaufen.
- Beim Anbraten war das Fett noch zu kalt.
- Zum Anbraten nur Bratöl / Olivenöl verwenden.

Verfeinern

Dem Räucherspeck noch 50 g gewürfelten gekochten Schinken zufügen, das macht die Sauce gehaltvoller. Oder anstelle von Räucherspeck, Würfel von geräucherten Schweinebacken verwenden.

- *Zu fett*
- Beim Anbraten der Specks wurde zu viel Öl verwendet.
- Eine beschichtete Pfanne verwenden, vorheizen und nur sehr wenig Öl zufügen.
- Nach dem Anbraten einen Teil des Fettes abgießen.
- Speck und Sahne hatten einen zu hohen Fettgehalt.
- Mageren Speck verwenden oder durch rohen Schinken ersetzen.
- Die Hälfte der Sahne durch Milch ersetzen.

- *Zu fest, zu trocken*
- Die Eimasse stockte vor dem Vermischen.
- Pasta nach Anleitung kochen. Speck fein würfeln und in Olivenöl knusprig braun braten. Eier mit Sahne und Parmesan oder Pecorino gut verquirlen und würzen. Pasta abgießen und nur abtropfen lassen, zu den Eiern geben und gut durchmischen. Die Eimasse stockt durch die Hitze der Pasta. Speck mit dem Öl darüber gießen, mit einer Gabel auflockern und sofort servieren

KÄSESAUCE

Allgemeines

Saucen auf Butterbasis werden mit Käse aus Kuhmilch, Saucen mit Olivenöl meist mit Schafs- oder Ziegenkäse zubereitet. Als Basis eignet sich eine weiße Grundsauce. Den geraspelten oder feinwürfelig geschnittenen Käse langsam mit einem Schneebesen einrühren. Dabei darf die Sauce nicht mehr kochen. Diät- oder Magerkäse sind ungeeignet.

Käse, Seite 46 ff.

- *Geronnen*
- Der Kochvorgang der Sauce wurde unterbrochen.
- Wein und / oder Sahne oder Milch angießen.
- Kleine Käsewürfel nach und nach in die Sauce rühren.

- *Käse hat sich nicht aufgelöst / nicht verteilt*
- Käsestücke waren zu groß.
- Käse vor Zugabe in feine Würfel schneiden.
- Gewürfelten Käse mit Sahne schmelzen, abschmecken und mit Nudeln vermischen.
- Nudeln kamen aus dem Kühlschrank.
- Frisch gekochte, heiße Nudeln verwenden.
- Kalte Nudeln vorwärmen.

Klumpig
- Der Käseanteil war zu hoch.
- Der Fettanteil war zu niedrig.
- Geeignet sind geriebene, fettreiche Käse.

Schmeckt fade
- Es wurden »leichte Sorten« oder auch Schmelzkäse verwendet.
- Zum Abschmecken etwas geriebenen Parmesan, Bauerngouda oder alten Bergkäse zufügen.
- Der Käse hatte zu wenig Eigengeschmack wie z. B. Mascarpone.

- Käsesauce mit getrocknetem Basilikum und / oder Oregano mischen und mit Salz und frisch gemahlenem Pfeffer abschmecken.

Schmeckt sandig
- Die Sauce war bei der Käsezugabe abgekühlt und / oder wurde zu wenig gerührt.
- Es wurde älterer Parmesankäse verwendet.

Sauce ist grieselig
- Es wurde geriebener oder zu alter Parmesan verwendet.
- Frisch geriebenen jungen Parmesan verwenden und / oder geriebenen Emmentaler oder einen anderen fetten Käse dazugeben.
- Der Käse konnte sich nicht auflösen.
- Käse zufügen und die Sauce nicht mehr kochen. Bei 90 °C ca. 10 Min. ziehen lassen und dabei häufig umrühren.

Zu fett
- Es wurde Sahnegorgonzola oder auch alter Gorgonzola verwendet und noch Sahne zugefügt.
- Es wurde zu viel Öl und / oder zu viel Sahne verwendet.
- Nicht wie in vielen Rezepten beschrieben zum Schmelzen des Käses Sahne (ca. 30% Fett) sondern Vollmilch (3,5% Fett) verwenden.

NUSS-SAUCE

Nuss-Saucen sind keine Resteverwertung für Nüsse, die Sie anders nicht mehr essen wollen und deshalb in der Sauce weiter verwerten. Solche Nüsse schmecken muffig, bitter und sind auch mit Tricks und Tipps nicht mehr zu retten. Verwenden Sie nur erstklassige Ware, die Sie zunächst blanchieren und häuten.

Mandel-/Haselnuss-Sauce
Eine schnelle Variante: 150 g geriebene Mandeln oder Haselnüsse in 2 EL Butter leicht anrösten. 1 Eigelb mit etwas Salz verschlagen. Pasta nur leicht abtropfen lassen, durch die Mandel- oder Nussmasse ziehen, das geschlagene Eigelb darüber gießen, umrühren und sofort servieren.

Schmeckt bitter
- Die Nüsse wurden unbehandelt zugefügt.
- Die feinen Häutchen wurden nicht entfernt.
- Die Nüsse wurden in einer elektrischen Küchenmaschine zu lange zerkleinert.
- Nüsse eine Minute in kochendem Wasser blanchieren, häuten und im Mörser zerreiben.

Verfeinern
- Dem Eigelb süße Sahne zufügen.

PESTO

Allgemeines
Pesto ist eine Mischung aus Basilikumblättern, Knoblauch, Pinienkernen, Parmesan und Olivenöl, abgeschmeckt mit Salz und Pfeffer. Die Zutaten werden zerkleinert und zu einer Paste verarbeitet (regional auch mit Mandeln der Nüssen). Basilikum durch Rucola oder Bärlauch ersetzen, dann schmeckt es kräftiger. Klassisch für Pestogerichte sind Linguine, aber andere Pastasorten eignen sich ebenso gut.

Aufbewahren

Selbst gemachtes Pesto hält sich im Kühlschrank ca. eine Woche. Pesto in ein Schraubglas füllen und mit einem Ölspiegel versiegeln.

Einfrieren

Selbst gemachtes Pesto lässt sich bis zu sechs Monaten einfrieren

- ⓘ *Grieselig*
- ⓘ Parmesan war zu grobkörnig gemahlen.

- ⓘ *Öl hat sich abgesetzt, ist geronnen*
- ⓘ Das zugefügte Öl war zu warm.
- ✪ Das Öl vor Verwendung ca. 1 Std. in den Gefrierschrank stellen.
- ⓘ Der Mörser hat sich beim Arbeiten erwärmt.
- ✪ Mörser vor Gebrauch kühlen, z.B. im Gefrierfach.
- ⓘ Pesto wurde vollständig im Mixer hergestellt.
- ✪ Nur feste Bestandteile ohne Öl ca. 20 Sekunden im Mixer pürieren oder alle Zutaten im Mörser zerreiben. Öl später von Hand zufügen, bis das Pesto eine cremige Konsistenz hat.
- ✪ Zur besseren Dosierung auf die Ölflasche einen Schnapsausgießer aufsetzen.

Pinienkerne

In einer trockenen Pfanne leicht anrösten. Das Pesto wird dadurch aromatischer.
Die Pinienkerne nur abgekühlt verwenden.

- ✪ Den Pinienkernen einige zerstoßene Walnuss-/Baumnusskerne oder Mandeln zufügen.

- ⓘ *Schmeckt bitter*
- ⓘ Alle Zutaten wurden zusammen und / oder zu lange in einem Mixer zu Brei zerkleinert.
- ✪ Im Mixer nur intervallartig aufmixen bzw. grob zerkleinern.

- ⓘ *Schimmelt*
- ⓘ Pesto wurde zu warm aufbewahrt.
- ✪ Nach der Entnahme immer einen Ölspiegel auf das Pesto gießen, das Aroma bleibt erhalten und es kann sich kein Schimmel bilden.

Servieren

Pasta al dente kochen, kurz warm abspülen und Pesto vorsichtig unterheben, bis die Pasta damit überzogen ist. In vorgewärmte Teller geben und sofort servieren.

- ✪ Vor dem Servieren Pesto je nach Menge mit 3–4 EL kochend heißem Nudelwasser aufschlagen. Die Sauce verbindet sich dann perfekt mit der Pasta.

- ⓘ *Zu fest*
- ⓘ Es wurde zu viel Parmesan zugegeben. Käse wirkt als Bindemittel.

Pesto Genovese

Das ist das klassische Pesto aus Basilikumblättern. Die Zutaten sind in der Regel: Basilikum, Knoblauchzehen, Pinienkerne, Parmesan, Olivenöl, Salz.
Variationsmöglichkeiten: Petersilie oder Bärlauch oder Rucola statt Basilikum. Nüsse und Mandeln statt Pinienkernen. Pecorino anstelle von Parmesan. Probieren Sie es einfach aus.

Pesto aus Bärlauch

Verwenden Sie Bärlauch und Petersilie (ohne Stängel) zu gleichen Teilen, dann schmeckt das Pesto nicht so streng.

Pesto mit Rucola

Bereiten Sie Rucolapesto wie das klassische Basilikumpesto zu Allgemeines, Seite 53. Verwenden Sie Rucola, wenn Sie kein aromatisches Basilikum bekommen.

- Frittieren Sie den Rucola in Erdnussöl, bevor Sie ihn weiter verarbeiten. Vorsicht, der Rucola muss absolut trocken frittiert werden – Spritzgefahr.

Pesto rosso

Wird mit in Öl eingelegten getrockneten Tomaten hergestellt.

- Verwenden Sie statt Parmesan Pecorino.

Trüffelpesto

Sollten Sie genügend Trüffelabschnitte haben, empfehlen wir diese Weiterverwertung: 70 g Pinienkernmasse mit 80 g klein gehackten Trüffelabschnitten vermischen. 40 g frisch geriebenen Parmesan zufügen und unterrühren. Jeweils 50 ml Trüffelöl und 50 ml bestes Olivenöl mischen, ein 10 ml Balsamicoessig zufügen und alles vorsichtig unter die Trüffel-Pinienkernmasse rühren. Mit Salz abschmecken.

- Dieses Pesto lässt sich auch mit Sommertrüffeln zubereiten

PILZSAUCEN

Allgemeines

Sie können fast allen Pastasaucen Pilze zufügen oder eine reine Pilzsauce servieren. Wenn Sie statt Frischware getrocknete Pilze verwenden, weichen Sie diese ca. 2 Stunden in kaltem Wasser ein. Die Pilze müssen trotzdem geputzt werden.

- Das Einweichwasser durchseihen und zum Würzen für die Sauce verwenden. Oder Sie geben es zum Nudelkochwasser dazu.

Pilze, Seite 42 ff.

Trüffelsauce

Die Trüffel sehr gut säubern und die Sauce nur sehr schwach kochen, eher ziehen lassen, wenn Sie die Trüffel mit kochen (nur bei dunklen Pilzen). Oder die Trüffel bei Tisch direkt über die einzelnen Portionen hobeln.

Schmeckt fade

Die Nudeln waren zu sehr abgekühlt. Trüffel entwickeln ihren Duft am besten auf ganz heißen Nudeln.

Verfeinern

- Einen Esslöffel trockenen Sherry zufügen.
- Nehmen Sie Kalbsfond als Basis.

SPINATSAUCE

Diese Sauce wird Sie endgültig vom Spinatkindheitstrauma befreien.

- 500 g frischen Spinat waschen, entstielen, im eigenen Saft dünsten, abtropfen und abkühlen lassen und fein schneiden. Spinat mit 200 g Mascarpone, 1 EL gehackten Nüssen, 3 Sardellen (in Öl, abgetropft), Pfeffer, Salz, einer Prise Muskat und einigen EL Olivenöl pürieren und in einem Topf vorsichtig erwärmen. In einer vorgewärmten Schüssel mit der Pasta vermischen.

TOMATENSAUCE

Allgemeines

Tomatensauce ist eine wunderbare Grundlage für Variationen aller Art und für eigene Ideen. Einiges sollten Sie dabei beachten: Wenn Sie keine voll ausgereifte aromatische Frischware bekommen, nehmen Sie lieber Dosen- oder Päckchenware. Dafür werden ausgereifte Tomaten verwendet, die sofort nach der Ernte verarbeitet wurden.

- Gewürfeltes Suppengrün in Öl anschwitzen, Tomaten zufügen, mit Fleisch- oder Gemüsebrühe aufgießen. Ein Lorbeerblatt mitkochen und mit Salz, Pfeffer, Oregano und Basilikum würzen.
- Die Sauce wird gehaltvoller, wenn sie nicht passiert, sondern mit einem Pürierstab durchgemixt wird.

Schmeckt fade
- Sauce war zu wenig gewürzt.
- Allgemeines, Seite 55.
- Pasta wurde zu nass untergemischt.
- Tricks und Tipps, Abtropfen, Seite 18.
- Zwiebeln, Knoblauch und Gewürze in Olivenöl anbraten, Tomaten zugeben. Mit Tomatenmark binden und nachwürzen.

Zu dickflüssig
- Mit angewärmter Brühe vorsichtig aufgießen und nochmals durchkochen.

Zu dünnflüssig
- Es wurde zu viel Flüssigkeit aufgegossen.
- 1–2 TL Stärkemehl mit 3 EL kaltem Wasser gut verrühren und der kochenden Sauce zufügen. Anschließend ca. 10 Min. durchkochen lassen und nochmals abschmecken.
- Besser ist es, die Sauce durch langsames Köcheln zu reduzieren.

Zu sauer
- Die Tomaten wurden ungewürzt verwendet.
- Es wurde zuviel Tomatenmark zugefügt.
- Es wurde zuviel Wein angegossen.
- Mit etwas Zucker abschmecken.
- Puderzucker verwenden, der löst sich schneller auf.

WEISSE SAUCE

Allgemeines

Béchamel (Bechamel, Allgemeines) ist meistens die Basis für eine Weiße Sauce. Die Grundsauce wird neutral mit wenig Weißwein, Salz, Pfeffer, Worcestershire Sauce und süßer Sahne abgeschmeckt. Sie darf keinen ausgeprägten Eigengeschmack haben.

Schmeckt fade
- Sauce wurde mit Wasser aufgegossen und / oder zu wenig gewürzt.
- Mit 2/3 hellem Fond und 1/3 Milch aufgießen, mit Weißwein abschmecken.

Schmeckt wie Kleister / mehlig
- Kochzeit war zu kurz.
- Sauce mindestens 30 Min. durchkochen.
- Pizzakäse wurde verwendet.
- In der Variante als Käsesauce Parmesan, Fontina, Emmentaler oder Gruyére / Greyerzer verwenden.

Zu dünnflüssig
- Es wurde mit zuviel Flüssigkeit aufgegossen.
- Mit Mehlbutter andicken: Aus 1 EL Butter und 1,5 EL Mehl einen Teig kneten und diesen in kleinen Stücken der kochenden Sauce zufügen. Die Menge reicht für ca. 1/4 Liter zu dünn gewordener Sauce. Anschließend erneut abschmecken.

Zu säuerlich
- Zum Andicken wurde zuviel Créme fraîche verwendet, die durch ihren leicht säuerlichen Geschmack den Eigengeschmack der Sauce überlagert.
- Frische, nicht wärmebehandelte süße Sahne oder wenig Crème double verwenden.

TEIGWAREN IN HÜLLE, MIT FÜLLE UND IN BESTER FORM

Für viele dieser Gerichte können Reste verwertet werden. Zwischen Teigplatten und in Teigtäschchen kann alles gefüllt werden, was gut schmeckt. Diese Technik ist international und natürlich nicht auf Italien beschränkt. Man kann damit experimentieren und selbst neue Köstlichkeiten erfinden. Die folgenden Tipps geben dazu einige Anregungen, auf denen man aufbauen kann.

Kalte Gerichte

Nach dem Würzen unbedingt eine Stunde oder länger ziehen lassen, nachwürzen.

- Frisch gekochte und abgekühlte Nudeln nehmen besser Gewürze auf als solche vom Vortag.

Warme Gerichte

- Außer Salz wenig geriebene Muskatnuss zufügen.
- Feingeschnittene Zwiebeln in Butter anschwenken und unter die Teigwaren heben.
- Zur Kochbrühe eine Tasse angewärmten Weißwein geben.

Aufbewahren

Im Kühlschrank ca. 2 Tage, tiefgefroren ca. 3 Monate.

Garprobe

Ein eingestochenes Holzstäbchen oder eine Nadel muss sich beim Herausziehen heiß anfühlen. Die Sauce wirft Blasen.

Kleben

- Die feuerfeste Form gut ausbuttern.

Gefüllte Teigtaschen

Sie sind eine weltweite Köstlichkeit, die es in unendlicher Vielfalt gibt Asiatische Teighüllen, Seite 71.

Grundregeln

Sie gelten für fast alle Rezepte:

- Nudelteig nach Anweisung zubereiten, auf eine leicht bemehlte Arbeitsfläche geben und sanft kneten, bis er glatt und elastisch ist. Mit einer Schüssel abdecken und 30 Minuten ruhen lassen. Den Teig halbieren, jede Hälfte dünn ausrollen. Je nach Rezept die Füllung auftragen, mit der zweiten Teighälfte abdecken. Die Taschen in der gewünschten Form ausstechen, ausrädeln oder schneiden. Die Ränder mit Wasser oder Ei bestreichen und fest zusammendrücken (z. B. mit einer Gabel). Teigtaschen auf ein bemehltes Brett legen und bis zur Weiterverarbeitung kühl stellen. In reichlich Wasser oder Brühe garen.

Teigtaschen mit Lachsfüllung als Beispiel für eine weitere Fülltechnik, Seite 23.

- Für gefüllte Pasta gibt es auch Formen, in die das Teigblatt eingelegt und angedrückt wird. Dann die Füllung in die Vertiefung setzen, das zweite Teigblatt auflegen und andrücken, das geht gut mit dem Nudelholz. Die Formen haben gezackte Ränder, die die Teigtäschchen trennen.

Aufbewahren

- Frisch: gefüllte Teigtaschen auf ein mit Maismehl bestäubtes Backblech gesetzt, mit einem Küchentuch locker abgedeckt, im Kühlschrank höchstens 24 Stunden. Die Teigtaschen dürfen sich nicht berühren. Tiefgefroren: nicht länger als zwei Monate. Gekocht: im Kühlschrank ca. 2 Tage, tiefgefroren ca. 3 Monate.

Aufwärmen

In gut gewürzter Brühe ziehen lassen, nicht kochen

Einfrieren

Gegarte Teigtaschen lassen sich problemlos einfrieren.

- Die Taschen auf ein Brett legen und abgedeckt schockgefrieren. Erst dann in einen Folienbeutel geben. Sie lassen sich so besser einzeln entnehmen. Gefroren in eine kurz aufgekochte, gut gewürzte Brühe geben und ziehen lassen.

Füllen

Der Nudelteig darf nicht zu trocken sein. Wenn er nicht sofort weiter verarbeitet wird, in Folie einwickeln.

- Zunächst die Fläche für 3 Teigtäschchen ausmessen, diese füllen und etwas flach drücken. So sieht man, wieviel Füllung benötigt wird und wie groß der Abstand zu den nächsten Teigtaschen sein muss.

? *Füllung zu trocken / zu flüssig / nass / läuft aus*

- Die Füllung muss eine saftige, feste aber nicht zu trockene Konsistenz haben. Hier gibt es keine Faustregel. In Zweifelsfällen eine Teigtasche füllen und als Probeexemplar garen.

Füllungen

Als Füllung eignet sich fast alles, z B. püriertes Gemüse, Käse (Ricotta), Fleisch, Fisch usw. Wichtig ist, dass alle Zutaten der Füllung klein gehackt oder püriert sind. Schmecken Sie die Füllung gut ab, sowohl Teighüllen als auch das Kochwasser entziehen Würzkraft.

? Gar

Die Teighülle ist bissfest / »al dente«, die Füllung ist weich.

? *Teighülle reißt*

! Die Teighülle war zu dünn.

! Zu viele gefüllte Teigtaschen wurden zusammen ins Kochwasser gegeben.

! Die Hülle enthielt zuviel Füllmasse.

! Die Füllmasse enthielt Ei / zuviel Ei.

? *Teigtaschen haben sich geöffnet*

! Zuviel Füllung, die Füllung geht während des Kochens noch auf.

- Probetaschen kochen.

! Die Ränder wurden nicht fest genug zusammengedrückt.

- Rand mit Wasser oder wenig verrührtem Eigelb oder Eiweiß bestreichen.

CANNELLONI

Füllen

- Mit einem Spritzbeutel

? *Käsefüllung bröselig*

! Der Käse war zu trocken.

- Der Füllung Ricotta zufügen. Auf 200 g Käse 100 g Ricotta.

Kleben fest / sind trocken
- Cannelloni wurden in zu wenig Flüssigkeit überbacken.
- Auflaufform mit Butter ausstreichen und einen Saucenspiegel gießen, Cannelloni einfüllen und mit der restlicher Sauce auffüllen.

Platten ungleichmäßig
- Schneiden Sie eine Schablone in der gewünschten Größe zu.

Platzen
- Die Klebestelle, der Überschlagrand war zu schmal, die Füllung hat sich beim Kochen ausgedehnt.
- Aus einer Reserveplatte Streifen schneiden und damit die Risse abdecken.

Schmecken teigig
- Der Überschlagrand war zu breit.

KREPLACH
Werden manchmal auch als jüdische Ravioli bezeichnet. Kleine mit Fleisch, Geflügel oder Käse gefüllte Teigtaschen, die in Hühner- oder Fleischbrühe gekocht und sehr heiß serviert werden.

MANTI
Türkische, dreieckige Teigtäschchen, die aus Weizenmehlteig oder Maisnudelteig zubereitet werden, der zur Hälfte aus Maismehl und Weizenmehl besteht. In der Stadt Kayseri werden Manti traditionell so klein zubereitet, dass vierzig von ihnen in eine Suppenkelle passen.

MANTY
Unter dieser Bezeichnung sind in Kasachstan kleine mit Speck, Kürbis und verschiedenen Fleischsorten gefüllte Teigtaschen beliebt. Sie werden in einem Dampfgartopf mit Einsätzen zubereitet. Dazu gibt es Schmand und Chilischoten.

MAULTASCHEN

1 Maultaschen: Entweder Boden und Deckel ausstechen oder eine größere Teigplatte mit Eiweiß bestreichen...

2 und die Fülle daraufeben. Dann wie Ravioli halbmondförmig einschlagen.

Maultaschen sind eigentlich eine Fastenspeise, aber nicht im strengsten Sinn. Während der Hungerjahre des Dreißigjährigen Krieges bekamen die Mönche des Klosters Maulbronn ausgerechnet in der Fastenzeit etwas sehr Seltenes, ein großes Stück Fleisch, das sie natürlich nicht verderben lassen wollten. Sie mischten das Fleisch mit allerlei Grünzeug und versteckten es in Teigfladen. Der Liebe Gott hat sicher ein Auge zugedrückt und der fromme Nachbar hat nichts gesehen. Und so alt wie die Maultaschen ist auch der Streit um die richtige Füllung: Brät oder Hackfleisch, Spinat oder Petersilie – es gibt so viele Füllungen wie schwäbische Haushalte – und alle haben Recht.

Aufbewahren

Frisch im Kühlschrank ca. drei Tage, vakuumverpackt im Kühlschrank ca. zwei Wochen, tiefgefroren ca. sechs Monate.

Füllungen

- Statt der üblichen Fleischfüllung die Maultaschen mit fein gehacktem Fisch oder Schaltierfleisch, vermischt mit frischen Kräutern, oder feingehacktem Wildfleisch mit Pilzstückchen oder grob püriertem oder gehacktem, vorgedünstetem Gemüse füllen.
- Werden Garnelen als Füllung verwendet, diese waschen und säubern. 2–3 TL Salz und 2 EL Kartoffelmehl vermischen, Garnelen darin wälzen und 10 Minuten ziehen lassen. Mit kaltem Wasser abspülen, gut abtropfen und in ein Küchentuch eingewickelt ca. 5 Stunden im Kühlschrank trocknen lassen. Dadurch bleiben die Garnelen bissfest.

Lachs-Hecht-Füllung, Seite 23/24.

Garen

Maultaschen je nach Größe ca. 10 Minuten in siedendem Salzwasser oder Brühe garen. Mit in Butter gerösteten Bröseln überschmälzen.

Herstellen

Einen nicht zu weichen Nudelteig zubereiten.

1. Für runde Maultaschen Boden und Deckel ausstechen, dabei sollte die untere Platte etwas größer sein.
2. Für halbrunde Maultaschen größere Rondellen ausstechen, mit Eiweiß bestreichen, einen Klecks Füllung darauf geben, halbmondförmig einschlagen und die Ränder fest andrücken.
3. Viereckige Maultaschen: Messen Sie aus, wie groß die Taschen sein sollen, und rollen Sie zwei Teigplatten aus. Eine Teigplatte, die untere, sollte ringsum ca. 0,5 cm größer sein. Die Plattengröße markieren, leicht mit dem Messerrücken ein-, aber nicht durchdrücken. Füllung mittig aufsetzen und ringsum mit Eiweiß einstreichen. Die zweite Platte auflegen, fest mit einem Kochlöffel aneinander drücken und ausrädeln.

1 Gerollte Maultaschen: Den Nudelteig mit der Fülle gleichmäßig einstreichen.

2 Mit Hilfe eines Spatels einrollen.

3 Von der Rolle Rechtecke oder Vierecke abschneiden.

4. Gerollte Maultaschen: Eine Teigplatte mit der Füllung gleichmäßig bestreichen und von der Längsseite her mit Hilfe eines Spatels einrollen. Von der Rolle Stücke in der gewünschten Größe abschneiden.

RAVIOLI

Füllen / Füllungen

Füllen, Seite 58, Maultaschen, Seite 60.

Schmecken fade
Bei Dosenware gelegentlich der Fall.

- Feingewürfelte Zwiebel in Butter glasig dünsten, mit Oregano und Thymian würzen, mit Tomatenmark binden, mit Weißwein knapp ablöschen und aufkochen lassen. Den Doseninhalt zufügen und vorsichtig erwärmen.
- Ravioli wurden im heißen Wasser erwärmt.
- Dem Kochwasser Salz und evtl. etwas gekörnte Brühe zufügen.
- Ravioli in Fleisch- oder Hühnerbrühe erhitzen.

SCHLUTZKRAPFEN

Schlutzkrapfen sind die Südtiroler Version der Maultaschen. Der Teig hat einen hohen Roggenmehlanteil und muss deshalb sehr schnell verarbeitet werden, da er sonst trocken wird.

KRAUTFLECKERL

Kraut mit Nudeln (Quadrettoni, Seite 10). Die besten Krautfleckerl hat ja die berühmte Tante Jolesch in ihrem großbürgerlichen Haushalt in Wien gemacht. Aus dem gesamten k.u.k. Reich kam die Familie angereist, wenn es diese Köstlichkeit gab. Leider hat die Tante Jolesch nicht einmal auf dem Totenbett das Geheimnis der Herstellung ihrer Krautfleckerl verraten. Und auf die Frage ihrer Lieblingsnichte, wieso ihre Krautfleckerl immer so gut waren, richtete sich die Tante mit letzter Kraft ein wenig auf:
»Weil ich nie genug gemacht hab'.«
Sprach's, und verschied. Bitte begnügen Sie sich mit unseren Hinweisen, denn diesen Tipp können wir nicht übertreffen.

Kraut zu hart

- Die Blattrippen wurden nicht herausgeschnitten.
- Das Kraut war zu groß geschnitten.
- Krautblätter in ca. 1 x 1 cm große Quadrate schneiden.

Schmeckt fade

- Das Kraut wurde in neutralem Fett angedünstet.
- Öl oder Schmalz erhitzen, Puderzucker darin dunkel karamellisieren lassen und das Kraut zufügen und mitrösten.

Verfeinern

- Das Kraut mit einem Glas Weißwein angießen. Reste von Schweinebraten würfeln und im Kraut erwärmen. Eine der wenigen Möglichkeiten, Schweinefleisch aufzuwärmen und weiter zu verwerten, ohne dass es süßlich schmeckt.

Zu weich / matschig

- Kraut- und / oder Nudelfleckerln wurden zu lange gegart.
- Gericht wurde zu lange warm gestellt.
- Kraut lässt sich vorbereiten. Aufwärmen, mit den gegarten Nudelflecken / Quadrettoni vermischen und sofort servieren.

Auflaufgerichte

LASAGNE

Allgemeines

Teigplatten werden abwechselnd mit verschiedenen Saucen, Ragouts und geriebenem Käse in eine rechteckige Back- oder Auflaufform geschichtet und im Backofen ausgebacken. Lasagne al forno ist Lasagne mit Fleischragout oder Sugo. Lasagne verde al forno ist Spinatlasagne mit Fleischragout.

Herstellen

1 In eine gefettete Auflaufform Nudelplatten und Hackfleischhülle geben, mit Bechamelsauce bedecken.

2 Darauf Teigplatten legen.

3 Die oberste Schicht mit Käse überstreuen.

Vorbereiten

- Die fertig vorbereitete Lasagne al forno soll mindestens 4 Stunden im Kühlschrank abgedeckt ruhen, bevor sie gebacken wird. Sie kann gut am Vortag zubereitet werden. Einige Varianten sind:

Lasagne al pesce	mit Fisch.
Lasagne con la ricotta	mit Quark bzw. Frischkäse.
Lasagne alle verdure	mit Gemüse.

Es gibt viele weitere Varianten und wie immer bei Pasta ist der eigenen Fantasie keine Grenze gesetzt. Die Vorgehensweise ist aber immer gleich:

- Frische Teigplatten ca. 2 Minuten in Salzwasser garen, Trockenware nach Anweisung vorbereiten. Form ausfetten oder mit einem dünnen Saucenspiegel ausgießen. Je 2 Teigplatten überlappend einlegen. Füllung auf der Lage verteilen, glatt streichen und eine neue Lage von Teigplatten auflegen. Vorsichtig andrücken. Sauce aufstreichen und weiter so verfahren. Die oberste Lage mit Füllung bedecken und mit Käse bestreuen. Im Ofen bei ca. 200 °C backen.

- Ragouts und Saucen lassen sich gut am Vortag herstellen und kalt verarbeiten.

Erwärmen, Einzelportionen

1. Lasagne so herstelllen, dass sie 2 Std. vor dem Servieren fertig ist. Ohne Abdeckung abkühlen lassen, dann lässt sie sich leichter in der Form portionieren.
2. 10 bis 15 Min. (je nach Größe) vor dem Servieren bei 150 °C aufwärmen.

? *Löst sich schlecht vom Boden*
! Die Form war nicht oder zu wenig ausgefettet.
! Die unterste Lage waren Teigplatten anstelle des Saucenspiegels und / oder die Form stand im Backofen auf dem untersten Blech.
✪ Die Form zuerst mit Béchamelsauce ca. 0,5 cm dick ausstreichen oder mit Öl oder Butter einfetten. Dann die erste Lage Platten einlegen.

? *Schlecht zu schneiden / portionieren*
! Die fertige Lasagne wurde sofort geschnitten.
✪ Die fertige Lasagne vor dem Portionieren mindestens 20 Min. ruhen lassen.
! Die oberste Lage war zu trocken.
✪ Oberste Schicht Béchamel sollte etwa 1 cm dick sein und gleichmäßig aufgetragen werden.
! Die Gartemperatur und/oder Garzeit war falsch.
✪ Bei einer Form für 6 Portionen beträgt die Garzeit ca. 45–50 Min. bei 150 °C.

? *Zu fest*
! Die Teigplatten wurden nicht vorgegart.
✪ Teigplatten in Salzwasser 4–5 Minuten vorkochen und in kaltem Wasser abkühlen lassen. Anschließend mit Küchenkrepp trocken tupfen. Die Garzeit verkürzt sich dadurch um ca. 10 Minuten.
✪ Frische Teigplatten verwenden.
! Zu wenig Sauce.
Die Sauce war zu dickflüssig.

LASAGNE MIT FISCH ODER MEERESFRÜCHTEN

Allgemeines

Als Sauce eignen sich dick eingekochte Tomatensauce oder Béchamel. Die rohen Fischfilets müssen absolut grätenfrei sein und in Streifen geschnitten werden. Geschälte Shrimps, Scampi, Garnelen bei Bedarf schneiden, etwas platt drücken und roh verarbeiten.

? *Schmeckt fade*
✪ Béchamel zur Hälfte mit Fischfond oder Fischbrühe aufgießen.
✪ Béchamel zusätzlich mit etwas Sardellenpaste abschmecken.
! Die verwendeten Fischfilets waren nicht vorgewürzt.
✪ Fischfilets oder Schaltiere 2 Std. vorher mit wenig Zitronensaft, frisch gemahlenem Pfeffer, Worcestershire Sauce oder asiatischer Fischsauce marinieren und abgedeckt im Kühlschrank ziehen lassen. Erst kurz vor der Verwendung vorsichtig salzen.
✪ Kalte Béchamel- oder Tomatensauce glatt rühren und vor dem Füllen der Lasagne mit Streifen von Räucherlachs mischen. Bei Verwendung von Sardellen vorsichtig salzen.
! Die Tomatensauce war zu wenig gewürzt.
✪ Tomatensauce mit Fischfond oder -brühe aufgießen

? *Zu trocken*
! Die Saucenschicht zwischen den Nudelblättern war zu dünn.
✪ Sauce jeweils ca 0,5 cm dick auftragen.
! Es wurde vorgegarter Fisch verwendet.
! Die Lasagne wurde aufgewärmt und / oder stand zu lange im Kühlschrank.
! Lasagne mit Fisch, Krusten- und Schaltieren oder Muscheln frisch zubereiten und nicht wieder aufwärmen

LASAGNE MIT GEMÜSE

Allgemeines
Zum Füllen einer Gemüse-Lasagne eignet sich ein vorbereitetes, fein würfelig geschnittenes Gemüseragout aus Zwiebeln, Zucchini, Paprika, Tomaten, Aubergine wie für die französische Ratatouille (Abb. Seite 31). Es muss fast trocken gekocht und vollkommen ausgekühlt sein.

Gemüselasagne

- Fertiges Ragout zum Abtropfen und Auskühlen gleich auf ein Sieb geben.
- Im Frühjahr die Lasagne mit blanchierten Brennesselblättern zubereiten.

? *Zu weich*
- ! Das Gemüseragout war frisch gekocht und noch warm.
- ! Das Gemüseragout hatte zu viel Flüssigkeit.
- Fertiges Ragout 20 Min. abkühlen und auf einem Durchschlag gut abtropfen lassen.
- ! Es wurden gefrorene Gemüsemischungen verwendet.
- Tiefkühlware in einem Durchschlag auftauen und abtropfen lassen.
- ! Die Teigplatten waren nicht al dente gekocht.
- Lasagne, Vorbereiten (Seite 62)

? *Schmeckt bitter*
- ! Alle Gemüsesorten wurden gleichzeitig und mit den Zwiebeln angedünstet.
- Zuerst Zwiebel im heißen Fett glasig dünsten. Dann nach Garzeiten gestaffelt die restlichen Gemüse: Karotten und / oder Sellerie, dann Lauch, dann Zucchini und zuletzt die Tomaten.
- Zum Anbraten Butter oder Margarine verwenden.
- ! Aubergine wurden mit angebraten.
- Auberginen in Scheiben schneiden, leicht salzen und beschweren. Mit Küchenkrepp trocknen und verarbeiten.

? *Schmeckt muffig*
- ! Das Gemüse wurde in altem oder überlagertem Öl angebraten oder es wurden bereits gegarte Gemüse vom Vortag mit verwendet.
- Zum Anbraten Butter oder Margarine verwenden.

KÄS(E)SPÄTZLE

Spätzle, Allgemeines
Spätzleteig, Seite 15. Es gibt drei Grundtechniken für die Zubereitung: Spätzlehobel, Spätzlepresse oder die geschabten Spätzle vom Brett. Das Spätzlebrett ist ein Holzbrett, bei dem die Vorderseite beidseitig abgeflacht ist, dann kann der Teig gleichmäßig dünn ins Wasser geschabt werden. Nur wenn keines der Geräte vorhanden ist, kann der Teig auch durch einen groblöcherigen Seiher / flaches Sieb gestrichen werden.

? *Grau / braun geworden beim Anbraten*
- ! Zum Anschwitzen wurde zu heiße, braun gewordene Butter verwendet.
- ! Zwiebelwürfel wurden zu dunkel angebraten.
- Spätzle in eine vorgewärmte, beschichtete Pfanne geben, würzen, Butterflocken aufsetzen und in der abgedeckten Pfanne langsam erwärmen.

? *Trocken, fettig*

! Die Spätzle wurden in zu heißem Öl angebraten.

! Spätzle vom Vortag wurden erneut in der Pfanne erhitzt.

✪ Restspätzle vom Vortag auf Küchenkrepp ausbreiten, mit etwas Wasser besprengen und abgedeckt in der Mikrowelle erwärmen.

Weiter verwenden

Klein geschnitten als Suppeneinlage oder für den schwäbischen Eintopf »Gaisburger Marsch« oder für ➔ Krautspätzle

Zubereitung

Für Käsespätzle gehaltvolle, geriebene Sorten wie z.B. Emmentaler, Allgäuer Bergkäse, Appenzeller, Greyerzer oder Raclettekäse verwenden.

✪ Auf 500 g abgekochte, abgetropfte Spätzle rechnet man ca. 150 g geriebenen Käse. Butterschmalz in einer feuerfesten Form erhitzen und abwechselnd eine Schicht Spätzle und geriebenen Käse einschichten. Auf jede Schicht Butterflöckchen setzen. Im vorgeheizten Backofen überbacken. Die fertigen Käsespätzle mit gerösteten Zwiebeln bestreuen und sofort servieren.

? *Käsespätzle schmecken bitter*

! Die Zwiebeln waren nicht angeröstet oder nicht mehr frisch.

? *Zu fettig*

! Es wurden industriell gefertigte Spätzle verwendet, die meist vom Hersteller vorgefettet sind.

✪ Teigwaren in eine Schüssel geben und würzen. Zwiebelwürfel in wenig Fett anschwitzen und unterziehen. Spätzle und geriebenen Käse schichtweise ohne zusätzliche Butterflöckchen in eine Schüssel geben und im Backofen oder in der Mikrowelle langsam erhitzen (geringere Energiezufuhr – z. B. 360 Watt, dafür längere Dauer).

? *Kleben fest*

! Die Form war nicht oder zu wenig ausgefettet.

✪ Vor Gebrauch mit Butter oder Margarine ausfetten, mit Semmelbröseln ausstreuen und 1–2 Std. einfrieren.

? *Zu fest / zu trocken*

! Die vorgekochten Spätzle waren zu lange gelagert.

✪ Vorgekochte Spätzle sollten nicht älter als 24 Std. sein.

KRAUTSPÄTZLE

Allgemeines

Eine Mischung aus Sauerkraut mit in Zwiebeln angebratenen und gewürzten Spätzle. Am besten schmeckt es, wenn Kraut und Spätzle schon am Vortag gekocht wurden. Kraut und Spätzle separat erwärmen und kurz vor dem Servieren vermischen.

? *Grau*

! Das Sauerkraut wurde mehrmals aufgewärmt und / oder zu warm gelagert.

? *Matschig*

! Das Kraut wurde zu nass mit den Spätzle vermischt.

✪ Das heiße Sauerkraut vor dem Mischen auf einem Sieb abtropfen lassen.

NUDELAUFLAUF

Allgemeines

Für Nudelauflauf eignen sich am besten kleine Nudelsorten wie Hörnchen, Spirelli, Farfalle, Cavatappi etc. Große Nudeln wie Makkaroni, Spaghetti oder Bandnudeln lassen sich nicht gut mischen, können aber klein geschnitten werden. Alle verwendeten Zutaten sollen vorgegart, ausgekühlt und gewürzt sein.

Innen noch weich

- Temperatur und / oder Garzeit waren nicht richtig.
- Form auf die unterste Ebene im Backofen stellen und den Auflauf bei 150 °C etwa 40 bis 60 Min. backen.

Nudelmasse war zu flüssig / zu weich

- Der Anteil an Flüssigkeit war zu hoch. Erst alle Zutaten mischen, dann vorsichtig Milch und / oder Sahne zugeben.
- Nudeln waren zu weich / verkocht.
- Nudeln »al dente« kochen, gut abtropfen, aber nicht abbrausen. Vorhandene Reststärke saugt Flüssigkeit auf und bindet.
- Es wurden nur die vermischten Zutaten in die Form gegeben und der Käse darüber gestreut.
- Käse und Milch und / oder Sahne unter die Masse mischen und vor Verwendung 1 Std. ziehen lassen.
- Milch und / oder Sahne mit 2–3 Eiern verquirlen und würzen.
- Verwendeter Reibkäse war zu grob.
- Käse vor Verwendung mit dem Messer oder Wiegemesser durcharbeiten.

Klebt an der Form fest

- Form war nicht ausgefettet.
- Form mit Butter oder Margarine ausfetten und im Kühlschrank oder Gefrierschrank kalt stellen. Käsespätzle – kleben fest.
- Nach dem Einfetten sofort mit Semmelbröseln ausstreuen und lose Brösel entfernen.
- Nudeln waren zu warm bzw. noch heiß.

Schlecht zu schneiden

- Nudelauflauf wurde gleich nach Entnahme aus dem Ofen portioniert.
- Fertigen Auflauf ca. 10 bis 15 Min. ruhen lassen. Dabei Kochlöffel unter die Form legen.
- Oberfläche war hart und fest.
- Masse mit Sahne oder Milch mischen und 1 Std. im Kühlschrank ziehen lassen, dann in die Form füllen und zusätzlich mit etwas Milch und / oder Sahne begießen.

Schmeckt fade

- Die Zutaten waren zu wenig gewürzt.
- Außer mit Salz und Pfeffer mit etwas geriebenem Muskat würzen.
- Fein gewürfelte Zwiebel in Butter glasig werden lassen und abgekühlt unter die Masse mischen.

Zu dunkel

- Zu starke Oberhitze.
- Innen noch weich
- Zum Bestreuen wurde geriebener Parmesan oder ein anderer Hartkäse verwendet.
- Zum Überbacken Reibekäse mit etwa 40 % Fettgehalt wie Fontina verwenden.

Salate und Suppe

NUDELSALAT

Allgemeines

Für Nudelsalate sind kleine Sorten wie z. B. Hörnchen, kleine Penne oder Farfalle am besten geeignet. Diese sollten etwas weicher als »al dente« gekocht werden. Gut abtropfen und auskühlen lassen.

- Rohe Zwiebeln hacken und kurz in Öl anschwitzen, mit einem Schuss Essig oder Brühe ablöschen, einmal aufkochen, dann schmeckt die Säure der Zwiebel nicht vor und der Salat ist haltbarer bzw. bekömmlicher.

Aufbewahren

Nudelsalat gehört in den Kühlschrank!

- Erst kurz vor Verwendung aus dem Kühlschrank nehmen. Die Schüssel in einen Behälter mit wenig kaltem Wasser und viel Crash-Eis oder Eiswürfel setzen. Vor direkter Sonneneinstrahlung schützen!

Gebunden

Gebundene Nudelsalate enthalten leicht verderbliche Zutaten wie Mayonnaisen, Créme fraîche, süße oder sauere Sahne etc. Die Zutaten müssen daher immer vollständig ausgekühlt sein.

- Bei warmer und heißer Witterung oder Raumtemperatur kann gebundener Nudelsalat in kürzester Zeit verderben und gesundheitliche Schäden verursachen!

Kleben zusammen

- Es wurden frisch gekochte, noch warme Nudeln verwendet.
- Nudeln auf einem Backblech ausbreiten und mit wenig Öl beträufeln, dann kühlen sie schneller ab.

Matschig

- Nudeln waren zu weich gekocht.
- Nudelsalat, Allgemeines
- Andere Zutaten waren entweder zu weich gekocht und / oder nicht mehr frisch.
- Zutaten mit »Biss« zubereiten
- Nudeln und Zutaten waren noch warm.
- Nur vollständig ausgekühlte Zutaten verwenden.
- Es wurde zu oft und / oder zu lange gerührt.
- Beim Rühren mit einer Salatbesteckgabel vom Schüsselrand aus nach innen mischen. Eventuell die Schüssel mit der anderen Hand gegenläufig drehen. Oder den Salat mit den Händen mischen.

Natur

Nudelsalat »natur« wird mit einem Essig-Öl-Dressing angemacht.

Trocken

- Der Nudelsalat wurde zu lange im Kühlschrank gelagert.
- Die Nudeln haben das Dressing aufgesaugt.
- Dressing und vorgewürzten Salat getrennt zubereiten und erst 1 Std. vor dem Servieren mischen.

Nudelsalat von außen nach innen mischen.

Warm

Warmer Pastasalat ist eine schöne Vorspeise oder ein sättigendes Hauptgericht.

- Penne kochen, nur abtropfen lassen. 3 EL Olivenöl, abgeriebene Schale einer Zitrone, 1 EL Zitronensaft, 2 gehackte Knoblauchzehen, 3 EL feingezupfte Basilikumblätter, 2 Tassen frische Tomatenstücke, 15 schwarze, in Scheiben geschnittene Oliven in einer Schüssel vermischen.
  400 g Hühnerbrustfilets in dünne Scheiben schneiden und in einer Butter-Ölmischung unter Rühren weich garen, abtropfen lassen. Mit der heißen Pasta und der Sauce vermischen. Mit Oregano abgeschmeckt servieren.

Zu scharf

- Die einzelnen Zutaten waren vorgewürzt und der Salat wurde nochmals gewürzt.
- Alle Zutaten einzeln probieren und erst nach dem Vermischen würzen.

SPAGHETTI-TOMATENSALAT

- Spaghetti garen, abtropfen lassen und auf eine große Servierplatte geben. Tomaten häuten, entkernen, leicht ausdrücken und in Stücke schneiden. Saft einer Zitrone mit 50 ml Olivenöl, 2 gehackten Knoblauchzehen, einer Handvoll gehackten Basilikumblättern mischen, mit Pfeffer und Salz abschmecken und mit den Tomatenstücken über die Spaghetti geben.
- Lässt sich gut vorbereiten und kalt servieren.

NUDELSUPPE

Allgemeines

Als Basis für eine Nudelsuppe eignet sich eine klare Gemüse-, Fleisch- oder Geflügelbrühe. Es gibt eine große Auswahl an Suppennudeln Nudel-ABC, Seite 7 ff., die speziell für Suppen hergestellt werden. Es können auch Nudeln vom Vortag, z. B. Bandnudeln klein geschnitten, als Suppeneinlage verwendet werden.

- Suppe vor dem Servieren mit geriebenem Parmesan bestreuen.

Farblos

- Es wurde eine einfache Brühe mit Nudeln gemischt angerichtet.
- Karotten und Sellerie klein würfeln, salzen und in wenig Brühe ca. 4–5 Min. blanchieren, zur Suppe geben und mitgaren.
- Gewürfelte Gemüse in etwas Butter anschwitzen, mit wenig trockenem Weißwein ablöschen und abgedeckt 5 Min. dünsten. Dann der Suppe zugeben.
- Schnittlauchröllchen überstreuen.

Schmeckt fade

- Die Suppe war zu wenig abgeschmeckt.
- Eine Prise gemahlene Muskatnuss verstärkt den Eigengeschmack.
- Die Nudeln wurden sofort in die Suppe gegeben.
- Nudeln abgießen, mit einer Tasse kaltem Wasser begießen und abtropfen lassen. Dann mit Salz und Muskatnuss vorwürzen.
- Der Anteil an Nudeln war zu hoch.
- Je nach Sorte sind für 4 Portionen 80–120 g Suppennudeln ausreichend.

Trübe

- Die Suppennudeln wurden in der Fleischbrühe gekocht.
- Nudeln separat kochen, abgießen und vorgewürzt der Suppe zufügen.

ASIATISCHE TEIGWAREN

Nudeln kamen ursprünglich aus China, haben sich dann über ganz Asien verbreitet und in den einzelnen Ländern eine eigene, nationale Identität entwickelt. Um einen Überblick zu verschaffen, stellen wir hier die bekanntesten Nudelsorten und Teigwaren vor.
Zubereitung: Für fast alle asiatischen Gerichte werden die Nudeln knapp vorgegart und dann mit den anderen Zutaten vermischt und sofort serviert. Da diese Nudeln kaum Eigengeschmack haben, werden sie in sehr heißem Öl angebraten und gewürzt. Die Nudeln danach unbedingt aus dem Wok oder der Pfanne wieder entfernen und danach die anderen Zutaten anbraten. Die Nudeln wieder zufügen, mit den Kochstäbchen durchmischen und sofort servieren.

1. Soba
2. Harusame
3. Weizennudeln
4. Udon
5. Chinesische Nudeln
6. Eiernudeln in Blockform
7. Wan Tan / Teighüllen
8. Glasnudeln
9. Reisnudeln

BA MEE
Thailändische Nudelsorte aus Reis- und Weizenmehl in unterschiedlicher Form. Meist eine mittelgelbe dünne Nudel, ähnlich den Spaghetti. Ba mee wird in Nestern verkauft (vor dem Kochen schütteln, um sie zu trennen).

CHINESISCHE NUDELN
Italienische Pasta und chinesische Nudeln sind in Form und Substanz sehr ähnlich, der Hauptunterschied liegt in der Art und Weise, wie sie gekocht und zubereitet werden. Die wichtigsten chinesischen Nudelsorten sind Weizennudeln, Eiernudeln, Reismehlnudeln und Glasnudeln. Eiernudeln sind in gepresster Form als Block im Handel. Sie sind bereits vorgekocht und getrocknet (Garzeit ca. 3–5 Min.).

GLASNUDELN
Die aus gemahlenen Mungobohnen hergestellten Glasnudeln sind eher ein Gemüse. Verwendet werden sie eingeweicht in Salaten, Suppen oder Schmorgerichten, frittiert als Garnierung.

Vorbereiten
Glasnudeln mit heißem Wasser übergießen, bis sie weich und glitschig sind. Oder 5 Minuten in warmem Wasser einweichen. Nach dem Einweichen unbedingt klein schneiden, sie werden in den Gerichten länger.

HARUSAME / GLASNUDELN / JAPAN
Aus Kartoffeln, Süßkartoffeln, Maismehl und Mungobohnenstärke mit Wasser gemischte und durch kleine Löcher gedrückte feine und leicht durchscheinende Nudeln.

HIYAGUMI / JAPAN
Hiyagumi sind eine Mischung aus Udon- und Somen-Nudeln, die aus Weizenmehl, Wasser und Salz hergestellt werden, mit wenig Eigengeschmack. Kurz gekocht und abgespült werden Hiyagumi kalt mit Dips serviert.

RAMEN / WEIZENNUDELN
Es gibt sie frisch, halbgegart und als Trockenware.

REISNUDELN
Opalweiße Nudeln, die in verschiedenen Formen angeboten werden. Meist als Reisstäbchennudeln flach und so lang wie Essstäbchen.

SEN LEK
So wird in Thailand eine mittelgroße Reisnudel genannt, die meist getrocknet angeboten wird.

SEN ME
Fadenartige dünne thailändische Nudeln, die meist getrocknet verkauft werden. Sie werden auch »Reis-Vermicelli« genannt.

SEN YAI,
Eine weitere Reisnudelart aus Thailand, die frisch oder getrocknet angeboten wird. Die Nudeln sind weiß, breit und flach und sind auch als »Rice sticks« (Reisstäbe) bekannt. Frische Sen yai-Nudeln vor dem Kochen in einzelne Stränge teilen, da sie sehr klebrig sind.

SHIRATAKI
Feine, geleeartige Nudeln aus der japanischen Yamswurzel mit wenig Eigengeschmack, die in Wasser schwimmend in Plastikschläuchen oder Plastiktüten verkauft und hauptsächlich für Sukiyaki verwendet werden.

SOBA / BUCHWEIZENNUDELN / JAPAN
Hell- bis dunkelbraune Nudeln aus dem Mehl der einjährigen Sobapflanze mit leicht nussigem Geschmack für Eintöpfe, kalte und warme Brühen. Japanisches Grundnahrungsmittel. Grüne Soba haben ein leichtes Teearoma, da sie mit grünem Tee eingefärbt wurden.

SOMEN / JAPAN
Sie haben den gleichen Ursprung wie Udon-Nudeln (s.u.), sind aber feiner und eleganter, früher ein Speise des Adels. Sie haben wenig

Eigengeschmack und werden hauptsächlich kalt mit einem Dip serviert.

Kochen

Einen großen Topf mit Wasser aufkochen, Nudeln zufügen, mit Holzstäbchen umrühren, damit sie nicht zusammenkleben, eine Tasse kaltes Wasser zugeben, nochmals erhitzen. Das kalte Wasser reduziert die Kochtemperatur, so dass die Nudeln innen und außen gleichzeitig gar werden. Je nach Trockenheit der Nudeln mehrmals wiederholen. Zur Garprobe den Fingernagel in eine Nudel drücken, sie sollte knapp weich sein. Fertige Nudeln in ein Sieb geben, kalt abspülen und abtropfen lassen.

TEIGHÜLLEN / WAN-TAN / WON TON / GYOZA

Teighüllen tragen dazu bei, dass die Füllung ihre Frische, Geschmack und Feuchtigkeit beibehält. Die Hauptzutaten sind Eier, Maisstärke, Weizenmehl, Reismehl, Backpulver, Backsoda, Brotbrösel. Die Auswahl hängt von den Gerichten ab. Teighüllen werden als Fertigprodukte in zwei Größen (6 cm und 10 cm Durchmesser) angeboten, die dann nur noch gefüllt werden müssen. Die Teighüllen lassen sich gut vorbereiten. Damit sie nicht zusammenkleben, etwas Maisstärke zwischen die Hüllen streuen und im Kühlschrank abgedeckt aufbewahren oder einfrieren. Wenn Sie die Teighüllen selbst herstellen, benutzen Sie zum Ausrollen eine kleine Holzrolle (abgesägter Besenstiel). Lassen Sie den Teig nie offen liegen. Immer mit einem feuchten Tuch abdecken, damit die Teigblätter nicht austrocken. Die gefüllten Teigtäschchen werden im Dampf gegart, in Brühe gesotten oder gebraten / frittiert.

Aufbewahren, aufwärmen

Gegarte Teigtaschen können 24 Stunden im Kühlschrank aufbewahrt werden. Aufwärmen: 3 Minuten dämpfen – stilecht im Bambuskorb.

Einfrieren

Teigtäschchen auf ein Tablett setzen, schockfrosten und dann in Plastiktüten oder Gefrierbehälter umfüllen. Tiefgefroren in den Dämpfer geben und wie frische Täschchen dämpfen.

Reismehlteighüllen vorbereiten.

Die Teighülle einige Minuten auf ein gut angefeuchtetes Küchentuch legen. Erst wenn die Hülle weich ist, füllen und weiterverarbeiten.

THAILÄNDISCHE NUDELN

Man erhält sie gelegentlich auch frisch in gut sortierten Asien-Shops, meist jedoch getrocknet. Mit Ausnahme von ➲ Ba mee werden alle Nudeln vor dem Garen 20 Min. in kaltem Wasser eingeweicht. (Wun se etwa 15 Min.). Aus 100 g getrockneten Nudeln werden etwa 230 g eingeweichte Nudeln. Nach dem Einweichen gut abtropfen lassen und je nach Rezept 2–3 Sekunden in kochendes Wasser tauchen oder pfannenrühren.

UDON / WEIZENNUDELN / JAPAN

Weiße, glänzende Nudeln, die aus Weizenmehl, Salz und Wasser viereckig oder rund hergestellt und frisch oder tiefgekühlt in dicken weißen Strängen angeboten werden. Gegart fühlen Udon sich seidig und etwas glitschig an, haben aber Biss. Udon haben wenig Eigengeschmack und werden als Suppeneinlage, heiß oder kalt für Salate, zu Dips oder gebraten verwendet.

Kochen ➲ Somen

WEIZEN- UND EIERNUDELN

Werden aus Hartweizen oder weichem Weizenmehl und Wasser hergestellt. Flache Nudeln werden für Suppen, runde zum Pfannenrühren oder Braten verwendet. Frische Nudeln lassen sich gut einfrieren, sollen aber vor dem Kochen völlig aufgetaut sein.

WUN SEN

Sehr dünne thailändische Trocken-Glasnudeln aus Sojamehl. Man nennt sie auch »Cellophan-Nudeln« oder »Vermicelli«.